Wilhelm Freund

Jeder Traum hat seinen Sinn

HERDER / SPEKTRUM

Band 4635

Das Buch

Träume sind zu verstehen als „Sinn-Zeilen" – über die jeweilige Lebenssituation oder in die undurchschaubaren Lebensprozesse hinein. Das ist ein ganz neues Verständnis von Träumen, das sich im Verlauf der letzten Jahre innerhalb der Logotherapie entwickelt hat. Anhand vieler Traumbeispiele wird in diesem Buch deutlich, was *„logotherapeutisches Traumverstehen"* heißt und wie es der Leser auf die eigene Lebenspraxis und die eigenen Träume anwenden kann. Die Aufmerksamkeit wird geschärft für das, was in Gegenwart und Zukunft auf den Menschen zukommt, ihn ansprechen und zu verantwortlichem Handeln einladen will. „Jeder Traum hat seinen Sinn" – das bedeutet, daß das, was V. E. Frankl das *„geistig Unbewußte"* genannt hat, dem Träumer Impulse und Hinweise gibt: zum Beispiel an nicht erledigte Aufgaben des eigenen Lebens erinnert, die Bestätigung eines sinnvollen Weges gibt, auf nicht bewußte „Sinnbarrieren" hinweist oder zu verantwortungsvollen Entscheidungen ermutigt. – Ein ganz ungewöhnliches Traumbuch, unverzichtbar für alle, die in allen Lebenssituationen dem verborgenen Sinn auf der Spur sind.

Der Autor

Wilhelm Freund, geb. 1948, Logotherapeut, Theologe und Seelsorger; Gründer und Leiter des Instituts für Logotherapie und Psychologische Seelsorge in Langenhagen bei Hannover; Lehrbeauftragter am Süddeutschen Institut für Logotherapie, Fürstenfeldbruck.

Wilhelm Freund

Jeder Traum hat seinen Sinn

Logotherapeutisches Traumverstehen

Herder
Freiburg · Basel · Wien

Gedruckt auf umweltfreundlichem,
chlorfrei gebleichtem Papier

Originalausgabe

Herstellung: Freiburger Graphische Betriebe 1998
Umschlaggestaltung: Joseph Pölzelbauer
Umschlagmotiv: René Magritte „La pleine de l'air"

ISBN 3-451-04635-0

Meiner Frau Monika

Inhalt

1. Ich kann mir meinen Traum nicht merken

Wer den Sinn seines Traumes verstehen will, muß erst einmal lernen, sich an seine Träume zu erinnern. Damit beginnt bereits für viele die Schwierigkeit des Traumverstehens. Sie wissen zwar, daß sie träumen, haben aber am Morgen vergessen, was sie geträumt haben.

Auch im Zusammenhang meiner logotherapeutischen Arbeit stoße ich auf dieses Problem. Bitte ich am Anfang einer Gesprächsreihe meine Klienten, auf ihre Träume zu achten und deren Inhalt zu den Sitzungen mitzubringen, lautet die Antwort häufig: „Ich kann mir meinen Traum nicht merken." Sie erklären, oft vage Erinnerung an ihre Träume zu haben, manchmal verbunden mit starken Gefühlen wie Angst, Trauer oder Freude, aber nur ganz selten deren Inhalte im Bewußtsein festhalten zu können.

Ich ermutige sie, sich innerlich für die Botschaft ihrer Träume zu öffnen und gelassen abzuwarten, was geschieht. In den meisten Fällen tritt eine überraschende Veränderung ein. Viele berichten schon nach der ersten Sitzung erstaunt, daß sie sich an einen Traum erinnern und ihn sogar aufschreiben konnten. Im weiteren Verlauf der Gespräche nimmt diese Fähigkeit deutlich zu.

Es ist also möglich, das Erinnern von Träumen zu erlernen und durch Übung zu steigern.

Dazu haben sich bestimmte Einstellungen und Techniken als praktische Hilfen bewährt.

1.1 Offenheit für die Botschaft des Traumes

Die innere Einstellung zur Bedeutung der Träume entscheidet wesentlich über die Fähigkeit, sich an sie zu erinnern. Wer in Träumen nichts anderes sieht als eine unsinnige Gehirnaktivität, der wird kaum die Aufmerksamkeit entwickeln, die zum Erinnern erforderlich ist. Fürchtet sich jemand vor der Botschaft seiner Träume, dann wird er unbewußt starke innere Blockaden aufbauen, die es ihm erschweren oder ganz unmöglich machen, seine Träume bewußt wahrzunehmen.

Ist aber jemand davon überzeugt, daß ihm der Traum eine wichtige Botschaft übermitteln will, entsteht in ihm eine innere Wachsamkeit, die es ihm leichter macht, sich an seine Träume zu erinnern. Eine ernsthafte innere Offenheit für die Botschaft der Träume, auch für deren unangenehme, unlogische und peinliche Bilder, öffnet den Bewußtseinsraum, in den hinein sich der Traum manifestieren kann. Diese Einstellung bildet die entscheidende Grundlage zum Aufbau eines wirksamen Erinnerungsvermögens für Träume.

Wollen Sie das Erinnerungsvermögen an Ihre Träume wirksam verbessern, dann nehmen Sie sich am Abend bewußt vor, sich an die Träume der kommenden Nacht zu erinnern. Erzwingen Sie nichts. Innerer Druck oder zwanghafter Ehrgeiz können in diesem Zusammenhang das Gegenteil bewirken und sehr leicht den Schlaf stören. Der Traum ist ein flüchtiges Gebilde, das sich gerade dann unserem Zugriff entzieht, wenn wir es unbedingt festhalten wollen. Bleiben Sie gelassen. Was deutlich werden soll, wird deutlich werden. Gelingt es Ihnen, in dieser gelassenen Offenheit einzuschlafen, wird diese im Schlafzustand weiter wirken und dazu beitragen, daß Sie sich Ihre Träume leichter merken können. Um die Träume im Tagesbewußtsein weiter bearbeiten zu können, sind neben der inneren Haltung auch bestimmte Merktechniken erforderlich.

1.2 Die konkrete Fixierung der Träume

Die Schlafforschung hat ergeben, daß unsere Erinnerung an den Traum unmittelbar nach dem Erwachen besonders klar und differenziert ist. Je weiter sich unser Bewußtsein vom Erwachen entfernt, um so mehr geht von dieser Klarheit verloren.

Sie wachen nachts auf und wissen genau, was Sie gerade geträumt haben. Es ist ihnen klar, wie wichtig dieser Traum für Sie ist. Sie wollen ihn sich unbedingt merken, um seine Botschaft zu verstehen. Am Morgen dann die Enttäuschung: Alles ist aus dem Bewußtsein gelöscht. Ihr noch so angestrengtes Nachdenken kann nichts daran ändern. Wie läßt sich das verhindern?

Viele meiner Klienten haben gute Erfahrungen damit gemacht, sich einen Notizblock neben das Bett zu legen, manche verwenden auch ein Diktiergerät. Wachen Sie nachts auf, dann notieren Sie sich, was ihnen vom Traum im Gedächtnis geblieben ist. Am Morgen läßt sich der Traum in den meisten Fällen an Hand der Notizen umfassend rekonstruieren.

Erscheint Ihnen das Notieren in der Nacht zu umständlich oder beeinträchtigt es zu sehr Ihren Schlaf, können Sie auch noch am Morgen Trauminhalte bewußt erinnern. Versuchen Sie beim Erwachen einige Augenblicke ruhig liegen zu bleiben. Erinnern Sie sich an das, was Sie in der Nacht geträumt haben. Schreiben Sie dann auf, was Ihnen wieder einfällt. Selbst Bruchstücke und Traumreste sind mitunter nicht unbedeutend.

So berichtete mir Frau H. am Anfang eines gemeinsamen Gesprächs, daß sie sich nur daran erinnern könne, von ihrer Handtasche geträumt zu haben. Aus dem folgenden Betrachten dieses Traumfragments ergab sich, daß die Handtasche für Sie zu einem wichtigen Symbol für ihr Sicherheitsbedürfnis geworden war. Diese Einsicht wurde zum Ausgangspunkt für ein besonders intensives Gespräch über die wesentlichen Themen: Sicherheit, Selbstsicherung, Vertrauen und Suche nach Geborgenheit. Es lohnt sich also, auch auf „Reste" zu achten.

Wer sich die Mühe macht, seine Traumerinnerungen regelmäßig aufzuschreiben, wird auf diese Weise ein Traumtagebuch erhalten, das wertvolle Informationen vermittelt. Bedeutungsvolle Traumthemen können durch das Wiederkehren bestimmter Motive zuverlässiger erkannt werden. Auffallende Veränderungen der Trauminhalte geben Aufschluß über eventuell noch verborgene seelische Wandlungsprozesse. Ein Traumtagebuch optimiert somit zusätzlich die Möglichkeiten der Traumerinnerung.

Darüber hinaus ist es wichtig, mit jemandem die eigenen Träume zu besprechen. Ihr Verstehen gelingt am besten im Dialog. Dabei muß der Gesprächspartner nicht gleich ein professioneller Helfer sein. Es sollte ein Mensch sein, dem Sie vertrauen können und der sie so gut kennt, daß er die Trauminhalte zu Ihrer Person und Situation in Beziehung setzen kann. In einem solchen Zwiegespräch ergeben sich nicht selten überraschende Einsichten, auf die Sie allein nicht gekommen wären. Nach meiner Erfahrung scheint es beim Traumverstehen so etwas wie einen „blinden Fleck" zu geben, der nur im Dialog überwunden wird. Führt ein Gespräch zum gemeinsamen Verstehen, dann wird es Ihnen leichter fallen, den Sinn Ihres Traumes zu erfassen. Sie erhalten auf diesem Weg Hinweise, Korrekturen und Unterstützungen, die zum Gelingen Ihres Lebens beitragen.

2. Hat jeder Traum einen Sinn?

Gibt es nicht auch Träume, die absolut sinnlos erscheinen? Welchen Sinn habe die sogenannten Alpträumen? Worin liegt der Sinn eines Traumes, den ich nicht verstehe? Die Antwort auf diese Fragen hängt davon ab, wie der Begriff „Sinn" verstanden wird. Deshalb ist zunächst zu klären, was mit dem Sinnbegriff gemeint sein kann. Grundsätzlich sind zwei Verwendungsformen zu unterscheiden.

2.1 Der Sinn als Zweck oder Funktion

Alles Handeln eines Menschen ist auf ein Ziel ausgerichtet, hat einen Zweck. Nehmen wir an, sie wollen einen Verwandten in einer entfernt liegenden Stadt besuchen. Sie haben vor, dies mit Ihrem Auto zu tun. Zu diesem Zweck werden Sie ins Auto steigen, es starten, lenken usw. Alle Aktivitäten sind darauf ausgerichtet, das Ziel zu erreichen, das Sie sich gesteckt haben. Der Sinn aller einzelnen Tätigkeiten besteht darin, mit dem Auto bei Ihrem Verwandten anzukommen. Auf die Frage: „Warum steigen Sie ins Auto?" werden Sie antworten: „Weil ich zu meinem Verwandten fahren will." Damit haben Sie den Sinn aller dazu notwendigen Aktivitäten formuliert. In dieses Verständnis von Sinn sind auch alle Funktionen der von Menschen geschaffenen Gebilde (Werkzeuge, Apparate usw.) eingeschlossen. Die Funktion eines Autos, sein Sinn, besteht darin, denjenigen, der es gebraucht, dahin zu befördern, wo er hin will. Geht es also um den Zweck eines Tuns oder die Funktion einer Sache, so haben wir es mit einem funktionalen Gebrauch des Sinnbegriffs zu tun.

2.2 Der Sinn als Bedeutung

„Warum muß mein Kind so leiden?", fragt mich die Mutter eines schwerkranken Kindes. Es ist ihr unmöglich, in den Schmerzen und Ängsten, die ihr Kind aushalten muß, irgendeinen Sinn zu erkennen. Mit Sinn meint sie in diesem Fall einen Bedeutungszusammenhang, der es ihr möglich macht, die eigentliche Ursache oder ein mögliches Ziel dieses Leidens zu verstehen.

Um verstehen zu können, stellen wir laufend Bedeutungszusammenhänge her. Während Sie diesen Text lesen, müssen Sie dies ununterbrochen tun. Jeder Buchstabe wird von Ihnen in einen Wortzusammenhang, jedes Wort in Beziehung zu einem Satz und jeder Satz in den Kontext eines Gedankengangs gestellt. Gelingt das nicht, verlieren Buchstaben, Worte und Sätze ihren Sinn.

Was beim Lesen nahezu mühelos stattfindet, gelingt uns angesichts unserer Lebenssituationen nicht so einfach. Oft können wir in dem, was geschieht, keinen Sinn sehen. Wir fragen dann nach dem „Warum" dieser Ereignisse. Wir suchen nach ihrem Sinn und meinen damit die Bedeutung, die sie für unser Leben haben könnten. Hier handelt es sich um einen hermeneutischen Gebrauch des Sinnbegriffs. Dieses Verständnis des Sinnbegriffs treffe ich in der Beratungssituation immer wieder an, besonders in Verbindung mit der Leidproblematik und in schweren Lebenskrisen.

Was ist nun mit dem Sinn gemeint, den jeder Traum hat? Der Sinn des Traumes ist seine umfassende Funktion, die er für das Leben des Träumenden hat. Diese Funktion läßt sich differenzieren in eine allgemeine und eine spezielle. Die allgemeine Funktion des Traumes besteht in seinem lebenswichtigen Beitrag zur seelischen Gesundheit des Träumenden. Mit der speziellen Funktion des Traums ist seine konkrete Wirkung gemeint, die er in einer bestimmten Lebenssituation für den einzelnen hat.

2.3 Träumen ist lebenswichtig

Um die Funktion der Träume für die gesundheitliche Verfassung des Menschen zu erforschen, haben Wissenschaftler aufgezeichnet, was geschieht, wenn Menschen daran gehindert werden, zu träumen. Zu diesem Zweck wurden Versuchspersonen im Schlaflabor zu Beginn ihrer Traumphasen geweckt. Die Traumphasen sind an den schnellen Augenbewegungen zu erkennen, die während des Schlafens auftreten. Sie werden deshalb REM-Phasen genannt (REM = Rapid Eye Movement).

Das Ergebnis dieser Versuchsreihe überraschte. Durch den Traumentzug traten innerhalb von nur fünf Nächten auffallende Verhaltensänderungen ein. Sie hatten den Charakter psychischer Störungen wie Abnahme der Konzentrationsfähigkeit, Zunahme einer allgemeinen Ängstlichkeit und Tendenzen zur verzerrten Wahrnehmung der Realität. Einige Versuchspersonen brachen das Experiment aus diesen Gründen sogar frühzeitig ab.

Ließ man dieselben Personen nach der Phase des Traumentzugs ungehindert schlafen, erhöhte sich die Anzahl und Dauer der Traumphasen deutlich. Die Zeit der Traumerholung entsprach in etwa der Zeit des Traumentzugs. Körper und Seele sorgten konsequent dafür, daß das künstlich erzeugte Traumdefizit ausgeglichen wurde.

Damit ist der Beweis erbracht: Träumen gehört zu den elementaren seelischen Funktionen des Menschen, die dazu beitragen, seine gesundheitliche Verfassung zu stabilisieren. Darin liegt der allgemeine Sinn eines jeden Traumes.

2.4 Allgemeine Traummuster

Bei aller Unterschiedlichkeit und Einmaligkeit der einzelnen Träume lassen sich dennoch bestimmte Strukturen erkennen, die es erlauben, sie zu bestimmte Gruppen zusammenzufassen. Sie bilden quasi den Rahmen für die spezielle Funktion eines jedes Traumes. In meinem Umgang mit den Träumen meiner Klienten begegnen mir häufig folgende Traummuster:

2.4.1 Die Verarbeitung des Tagesgeschehens

Was wir im Laufe eines Tages erleben, wirkt auch noch in der Nacht, während wir schlafen, in uns weiter. Es erscheint in unseren Träumen. Unser Unterbewußtsein wählt Personen, Situationen und Motive aus dem Geschehen des vergangenen Tages aus und baut dieses Material in das aktuelle Traumgeschehen ein.

Herr S. träumt:

Ich befinde mich zusammen mit meiner Frau auf einer Veranstaltung. Ich habe für sie und für mich einen Platz reserviert. Meine Frau geht an dem reservierten Platz vorbei und setzt sich woanders hin. Ich werde wütend und verlasse den Raum.

Beim Nachdenken über den Traum erinnert sich Herr S. sofort an ein Ereignis am Abend vor diesem Traum.

Er war mit seiner Frau zu einer Geburtstagsparty eingeladen und freute sich auf den Abend. Er erlebte dann, daß seine

Frau intensiv mit einem Gast flirtete und tanzte. Herr S. fühlte sich vernachlässigt und spürte Aggressionen in sich aufsteigen. Um die Stimmung nicht zu verderben, ließ er sich nichts anmerken. Am liebsten jedoch wäre er gegangen.

Der Traum hat das Thema und die Inhalte des realen Geschehens aufgegriffen und den inneren Impuls in ein aktives Handeln umgesetzt.

2.4.2 Der Ausdruck eines Wunsches

„Ich träume von einer Karriere als Sängerin!", antwortet mir eine 21jährige Frau auf die Frage, worin ihr gegenwärtiges Lebensziel bestehe. Wir äußern unsere Wunschvorstellungen nicht selten mit Formulierungen wie: Ich träume von ... Damit bringen wir, sicher unbewußt, zum Ausdruck, daß sich in unseren Träumen Wünsche zu Wort melden, auch solche, die wir uns bewußt gar nicht eingestehen wollen. Im Traumerleben können bewußte und unbewußte Wünsche in Erfüllung gehen.

Der folgende Traum weist auf den elementaren Wunsch eines Mannes hin, sein Leben möge sich ganz neu entfalten. Er erlebt seine gegenwärtige Situation als starr, festgefahren und ziemlich aussichtslos. In dieser Phase erinnert sich Herr H. an eine kurze Traumsequenz.

Ich arbeite in meinem Garten. Plötzlich vergrößert er sich. Auf der großen Fläche blühen Frühlingsblumen. Ich staune und frage: „Woher kommen die Frühlingsblumen? Es ist doch Herbst!"

Ein eindrucksvolles Bild! Die Fläche des Wachstums (Garten) erweitert sich. Es entsteht mehr „Lebensraum", Raum zum Wachsen. Zeichen des Frühlings werden sichtbar (Blumen). Frühling steht für die Zeit, in der das Leben neu erwacht. Genau das ist es, was sich Herr H. zutiefst wünscht: Inneres Wachstum und Erneuerung seiner augenblicklichen Lebenssituation. Diese wird im Symbol des Herbstes angedeutet, der Zeit, die das Ende von Wachstum kennzeichnet. So vollzieht sich im Traum für Hern H. die Erfüllung seines tiefen, inneren Wunsches nach Erneuerung. Dies geschieht im eindrucksvollen Bild vom Frühling.

2.4.3 Das Bild der Angst

Sehr oft geben Träume in intensiven Bildern das elementare Gefühl der Angst wieder. Dieses wird unter anderem als Enge- oder Druckgefühl, als Gefühl der inneren Lähmung oder der Ohnmacht erlebt. Sehr oft fühlen sich Menschen in ihrer Angst einer Situation oder einer Person hilflos ausgeliefert.

Herr D. träumt:

Ich gehe eine enge Wendeltreppe hinab. Sie wird immer enger. Ich weiß, daß ich nicht zurück gehen kann. Ein Gefühl der Beklemmung erfaßt mich. Beim Weitergehen steigert es sich zum Erstickungsgefühl. Ich bleibe stecken und kann nicht weiter.

Schweißgebadet erwacht er mit einem beklemmenden Gefühl der Angst. Sein Herz rast wie wild.

Solche Angstträume gehören zu den unangenehmen Erfahrungen im Bereich der Träume. Der Traum von Herrn D. symbolisiert das typische Angstgefühl der Enge in einem drastischen Bild.

In Angstträumen ereignen sich für den Träumenden sehr oft schreckliche Dinge. Jemand wird verfolgt und kann nicht schnell genug entfliehen. Ein anderer wird im Traum von Verbrechern oder Ungeheuern angegriffen und kann sich weder wehren noch um Hilfe schreien. Typisch für eine solche Situation ist der Traum von Frau W., den sie immer wieder einmal träumt.

Ich liege in meinem Bett. Plötzlich entdecke ich an der Wand lauter große, schwarze Spinnen. Sie kriechen auf meine Bettdecke zu. Ich liege wie erstarrt vor Schreck. Ich kann nicht schreien.

Sie wacht voller Angst auf. Seit ihrer Kindheit leidet sie unter extremer Angst vor Spinnen. Als Kind fand sie eines Morgens eine große, schwarze Spinne in ihrem Bett. Sie schrie vor Angst und konnte sich gleichzeitig nicht aus dem Bett bewegen. Erst als die Mutter die Spinne entfernt hatte, wich die panische Angst.

Das Miterleben des eigenen Sterbens oder der eigenen Beerdigung gehört zu den Trauminhalten, die bei dem Träumenden Angst auslösen. In diesem Zusammenhang ist es wichtig zu wissen, daß solche Trauminhalte in der Regel eher auf das bevorstehende Ende einer Lebensphase hindeuten oder den erlittenen Verlust eines wichtigen Lebensinhalts bewußt machen, als daß sie den eigenen, bevorstehenden Tod signalisieren.

2.4.4 Die Wiederholung

Wiederholungsträume unterstreichen die Bedeutung, die ein Thema für die Situation des Betreffenden hat. Schon Josef betonte dem Pharao gegenüber, daß die Tatsache, daß er zweimal einen ähnlichen Traum hatte, auf dessen Bedeutsamkeit schließen läßt: „Daß aber dem Pharao zweimal geträumt hat, das bedeutet, daß die Sache bei Gott fest beschlossen ist und daß Gott es alsbald tun wird" (1. Mose 41,32).

Wiederholung ist aber auch ein Ausdruck der Beharrlichkeit des Unbewußten, mit der es eine wichtige Botschaft vermittelt.

Es läßt quasi nicht locker, bis das Individuum verstanden hat, welchem Sinnaufruf es sich stellen muß. Häufig erinnert das Unbewußte auf diese Weise an unerledigte Aufgaben der Existenz, – so lange, bis diese Aufforderung wahrgenommen und die Aufgabe in Angriff genommen wird. Dazu kann auch die Korrektur des Bildes gehören, das jemand von sich selbst hat.

Frau N. träumt innerhalb kurzer Abstände immer wieder davon, daß sie etwas vergißt, nicht früh genug fertig wird, ihre Angelegenheit nicht geregelt bekommt. Dabei ist ihr so etwas in der Wirklichkeit noch nie passiert. Sie ist überaus ordentlich, zuverlässig und ständig bemüht, alle Situationen ihres Lebens im Griff zu haben und zu behalten.

Ich bin in der Stadt und habe meinen Wagen geparkt. Nach dem Einkaufen weiß ich nicht mehr, wo er steht.

Ich fahre mit dem Zug. Jetzt muß ich gleich aussteigen. Ich suche meinen Koffer und meine Tasche. Ich kann sie nicht finden. Der Zug fährt bereits in den Bahnhof ein. Ich weiß, ich werde es nicht schaffen, sie zu finden.

Ich will mir eine neue Bluse anziehen und werde damit nicht fertig.

Ich soll eine neue Arbeitsstelle antreten. Das Packen meiner Unterlagen für den ersten Tag nimmt kein Ende. Ich spüre, daß ich zu spät kommen werde.

Frau N. erlebt sich im Traum als Person, die das Gegenteil von dem lebt und erfährt, was sie im Wachbewußtsein und in der Alltagsrealität vertritt. Durch die Träume wird sie mit einer Seite ihrer Persönlichkeit konfrontiert, die sie bewußt nicht wahrnimmt. Es ist die Wirklichkeit des Unvollkommenen in ihrem Leben. Bisher hatte sie versucht, diese Seite durch eine perfektionistische Lebensführung weitgehend aus ihrem Leben fern zu halten. Die Träume rufen sie nun auf, sich mit diesem Bereich des Fragmentarischen, des Unfertigen in ihrer Existenz bewußt auseinandersetzen.

Herr Z. hat seinen „Traum vom Leben" verwirklicht. Beruflich nimmt er eine verantwortliche Position in seinem Betrieb wahr, die seinen Neigungen und Begabungen voll entspricht. Die Verwirklichung dieser Aufgabe vermittelt ihm ein tiefes Gefühl von Sinnerfüllung. Er freut sich über die harmonische Beziehung zu seiner Frau und über die von liebevoller Zuneigung und gegenseitiger Achtung getragene Beziehung zu den Kindern. Er hat alles erreicht, was er sich früher in bezug auf sein Leben vorgestellt hat. Um so unverständlicher ist ihm ein Traumthema, daß in unterschiedlichsten Variationen auftaucht.

Ich befinde mich auf einem Weg, der einen Berg hinauf führt. Ich genieße den Ausblick, der mir mit zunehmender Höhe imposanter erscheint. Auf einmal stelle ich mit Schrecken fest, daß der Weg an einem steilen Abgrund entlang führt. Ich habe Angst, in die Tiefe zu stürzen.

Vor mir steht eine überaus lange Fahnenstange. Ich habe Lust, an ihr hinaufzuklettern. Es gelingt mir erstaunlich gut. Oben angekommen, will ich mich gerade stolz umsehen, da beginnt die Stange zu wanken. Sie droht zu fallen und ich mit ihr.

Ich befinde mich auf einem Balkon im 10. Stock eines Hochhauses. Ich genieße den Ausblick und denke: „Ein Glück, daß es ein Geländer gibt." In diesem Augenblick bemerke ich, daß das Geländer nachgibt. Es ist an mehreren Stellen durchgerostet. Mir wird schlecht vor Angst.

Herr Z. erkennt, daß in diesen Wiederholungsträumen seine tiefe Angst vor einem „Absturz" zur Sprache kommt. Er traut der gegenwärtigen Situation nicht. Bisher wollte er sich nicht eingestehen, daß er angesichts seines Glücks ein baldiges Unglück befürchtet, als „gerechten Ausgleich" sozusagen. Die Träume nehmen diese verdrängte Angst auf und signalisieren sie zugleich. Es gibt keinen Grund für ein solches, fast magisches Denken. Herr Z. stürzt in keinem Traum wirklich ab. Er befürchtet es nur jedesmal.

Herr Z. fühlt sich mit der Frage des Vertrauens konfrontiert. Als überzeugter Christ wird ihm klar, daß sein Vertrauen in Gott noch tiefer und umfassender werden muß.

2.4.5 Der Hinweis auf eine Gefahr

Träume warnen unter Umständen vor konkreten Gefahren in der Situation des Alltags, sehr oft auch vor den Folgen einer sinnwidrigen Lebenseinstellung oder Lebensweise. Der folgende Traum von Herrn W. enthält eine solche Warnung.

Ich habe vier Bahnübergänge zu betreuen. Dazu muß ich zugleich die dazugehörigen Schranken und Weichen bedienen.

Die Angst wächst, daß ich es nicht mehr lange durchhalten werde. Ich weiß auf einmal: Diese Aufgaben kann ich allein nicht alle auf einmal bewältigen. Ich entschließe mich, zu kündigen.

Herr W. erkennt nach dem Traum, daß er in der Tat zur Zeit mit vier Problem- und Aufgabenbereichen zu kämpfen hat. Er sieht sich am Rande seiner körperlich und seelischen Kräfte. Er wollte sich dies bislang aber nicht eingestehen, da er gewohnt ist, von sich das Letzte abzufordern. Im Traum warnt das Unbewußte vor dem Beibehalten dieser Lebenseinstellung und der gegenwärtigen Lebensweise. Sie wird unweigerlich zur Kollision, zum Zusammenstoß oder zum Zusammenbruch führen. Er entscheidet sich, seine Aktivitäten zu überprüfen und bewußt zu reduzieren.

Interessant ist noch der Hinweis, daß er am Tag vor dem Traum einem anderen gegenüber geäußert hatte: „Du bringst mich unter Zugzwang!" Das Unbewußte hat die tiefe Wahrheit dieser Aussage im Bild des Zuges *(ich schaffe es gerade noch, Kollisionen der Züge zu verhindern)* aufgegriffen und mit Hilfe des Traumes korrigiert. Herr W. bringt sich selbst unter Zugzwang!

Frau L., eine Kollegin, berichtet von einer eindringlichen Warnung durch den Traum in bezug auf ihre Arbeit in der Lebensberatung. Sie träumt von einer Klientin.

Ich liege in meinem Schlafzimmer auf einem Doppelbett. Erstaunt registriere ich, daß Frau B. neben mir liegt. Sie rückt aufdringlich näher. Mir wird ihr Verhalten äußerst unangenehm. Ich bitte sie, sich in ihre Hälfte des Bettes zurückzulegen. Sie scheint nicht zu hören. Da reagiere ich (ganz gegen meine bewußte Einstellung!) äußerst aggressiv. Ich werfe sie aus dem Bett.

Frau L. versteht den Traum als Aufruf, sich gegen Frau B. bewußter und deutlicher abzugrenzen, als sie es bisher in den Gesprächen getan hat. Tatsächlich stellt sich die Traumbotschaft als eine berechtigte Warnung dar. Im weiteren Verlauf der Gespräche entwickelt Frau B. besonders aufdringliche Anklammerungstendenzen. Auf dem Hintergrund der ihr bewußten Warnung durchschaut Frau L. die Situation sehr schnell. Es gelingt ihr so, sich energisch und früh genug von ihrer Klientin abzugrenzen. Da sie eher zur umfassenden Annahme und sehr geduldigem Aushalten neigt, wäre sie ohne die Warnung durch den Traum leicht in die Gefahr geraten, von Frau B. vereinnahmt zu werden und ihr so nicht mehr helfen zu können.

2.4.6 Die Vorwegnahme kommender Ereignisse

Im Traum können Hinweise enthalten sein auf Ereignisse, die in der Zukunft stattfinden werden. Diese Vorwegnahme zukünftiger Ereignisse im Traum und deren zum Teil detaillierte Beschreibung gehört sicher zu dem Geheimnisvollsten im Bereich der Träume. Sowohl in der Literatur als auch in der Traumforschung sind zahlreiche Beispiele für diese Funktion des Traumes zu finden.

Frau D. berichtete mir von einem solchen Ereignis.

„Ich bin Sängerin von Beruf und bin wegen meiner zahlreichen Auftritte viel unterwegs. In der Nacht, in der ich den besonderen Traum hatte, las ich in meiner Bibel und muß wohl darüber eingeschlafen sein (als ich erwachte brannte das Licht und die Bibel lag an meiner rechten Seite). Im Schlaf sah ich dann folgende Situation: *Ich fuhr in unserem Auto. Plötzlich prallte der Wagen gegen eine graue Mauer.*"

Als ich aufwachte, bemerkte ich, daß ich im Traum mit meiner rechten Hand gegen die Bibel geschlagen hatte – (meine Hand befand sich in derselben gekrümmten Stellung, in der sie drei Wochen später bei dem tatsächlichen Unfall war). Das Erleben im Traum war dermaßen real, daß ich zunächst daran dachte, für die nächste Zeit das Fahren mit dem Auto zu unterlassen. Das war selbstverständlich nicht durchzuhalten.

Nach einem meiner Auftritte fuhren mein Mann und ich spät in der Nacht nach Hause zurück. Es war eine klare Winternacht, hatte aber wegen der relativ milden Temperatur bereits getaut, so daß keine Gefahr von Glatteisbildung bestand. Plötzlich sahen wir eine dichte Nebelwand vor uns. Die Straße machte an dieser Stelle eine leichte Kurve. Obwohl mein Mann sofort bremste, zum Glück fuhren wir nicht mit hoher Geschwindigkeit, prallten wir mit dem Wagen auf eine graue Wand. Als wir ausstiegen, sahen wir, daß wir gegen eine Hauswand gefahren waren, in der sich ein kleiner Laden befand. Durch den Unfall wurde mir das rechte Handgelenk gebrochen.

Etwa zwei Minuten vor diesem Ereignis bat ich meinen Mann, sich anzuschnallen, der dies zunächst mit dem Hinweis auf meine Ängstlichkeit abwehrte. Ich ließ nicht locker. Widerwillig schnallte er sich an. Während der ganzen Zeit mußte ich ganz intensiv beten. Wenige Minuten später ereignete sich der Unfall, den mein Mann, ohne angeschnallt zu sein, nur schwer verletzt überlebt hätte.

Noch ein eindrucksvolles Beispiel aus der Traumliteratur.

„Von einer Französin, die mit ihrem deutschen Mann, der lange Jahre in der Fremdenlegion gedient und sich dann in Algerien niedergelassen hatte, wurde dieser Traum erzählt:

Das Haus wurde mitten in der Nacht von allen Seiten von algerischen Rebellen umzingelt. Ich sah, wie Männer in das Haus eindrangen. Ich sah, wie man meinen Mann erschoß, meinen Sohn erschlug. Ich selbst konnte in ein kleines Gelaß gleich hinter der Haustür flüchten. Dieses Gelaß wurde immer enger. Aber man fand mich nicht. Draußen ging der Tod um. Und als es still wurde, konnte ich aus dem engen Gelaß durch ein keines Fenster hinter der Tür entweichen.

Sie sprach am nächsten Morgen mit ihrem Mann über diesen Traum. ‚Ob es nicht besser wäre, das Haus sofort zu verlassen? Wir könnten für ein paar Wochen in die Stadt ziehen – zu meiner Schwester. Wir kommen erst wieder zurück, wenn sich dann alles beruhigt hat.'

Der Mann beruhigte sie: ‚Aber das Schlimmste ist doch vorüber in Algerien. Du hast doch gestern abend im Radio gehört, daß die Regierung uns auffordert, auszuharren und Hilfe zu erbitten, wenn wir etwas Bedrohliches beobachten. Außerdem sind wir doch hier beliebt. Wer sollte uns etwas tun?'

Vier Nächte danach geschah es. Man schoß mit Maschinenpistolen ins Haus, man warf Handgranaten. Mit Äxten und Rammböcken wurden die Eingangstüre und die Fensterläden zertrümmert. Und dann kam alles, wie es die unglückliche Frau geträumt hatte. Das kleine Gelaß hinter der Tür bot ihr Zuflucht, während ihr Mann schon verblutete. Durch ein schmales Oberlicht dieses Gelasses konnte sie sich ins Freie retten und in Sicherheit bringen, während das Haus in Flammen aufging."*

Solche Beispiele zeigen deutlich, daß das Unbewußte über Informationen verfügt, die über die Summe der Informationen, die uns im Wachzustand zur Verfügung stehen, weit hinausgehen. Die Traumforschung bewegt im Blick auf diesen Tatbestand folgende Fragen: Handelt es sich bei den sogenannten Wahrträumen, die oft auch Warnträume sind, um die nachträgliche Verarbeitung von unterschwellig wahrgenommenen Signalen der Tagesrealität? Kann das Unbewußte daraus Schlüsse ziehen, die dem Bewußtsein so nicht möglich sind? Hat der Mensch in der Tiefe seiner Person Zugang zu Informationen, die aus einer Wirklichkeit stammen, die jenseits unserer faßbaren und meßbaren Realität von Raum und Zeit liegt? Stammen die Botschaften dieser Träume aus einer in gewisser Weise „anderen" Welt?

Eine endgültige und wissenschaftlich eindeutige Antwort ist bisher noch nicht gefunden worden. Vielleicht wird sie sich auch niemals finden lassen. Die Tatsache der Wahrträume bleibt davon unberührt.

Wir haben nun den Sinn der Träume in deren allgemeiner und spezieller Funktion für das Leben des Träumenden kennengelernt. Aber welche Rolle spielen sie bei der Sinnfindung des Menschen selbst? Welchen Beitrag leisten sie,

* Walden 1990, S. 146

den ganz individuellen Sinn zu finden und ihn zu erfüllen? Wie können mit ihrer Hilfe Hindernisse auf dem Weg zur Sinnerfüllung, die sogenannten „Sinnbarrieren", entdeckt und überwunden werden? Diese Fragen stehen im Zusammenhang des Menschenbildes und der Methoden der Logotherapie.

3. Sinnvoll leben will ich!

3.1 Die geistige Dimension des Menschen

Viktor E. Frankl, Neurologe und Psychiater, gründetet die Logotherapie in Auseinandersetzung mit den Psychotherapien von Sigmund Freud (Psychoanalyse) und Alfred Adler (Individualpsychologie) als dritte Wiener Schule der Psychotherapie. Er verstand seinen Beitrag als notwendige Ergänzung der damals bestehenden psychotherapeutischen Konzepte, die seiner Überzeugung nach die geistige Dimension des Menschen nicht ausreichend berücksichtigten. Die Reduktion des Menschen auf die somatische und psychische Dimension seiner Existenz in der Psycho-therapie muß durch eine Logo-therapie (gr. logos = Wort, geistiges Prinzip) überwunden werden. Logotherapie ist deshalb eine Psychotherapie, die die geistige Dimension des Menschen besonders betont und in den therapeutischen Prozeß bewußt einbezieht. Was heißt das für das praktische Vorgehen?

Ein Mann klagt über anhaltende Schlafstörungen. Auf der somatischen Ebene muß der Mediziner klären, ob etwa hormonelle, neurologische oder andere körperliche Störungen vorliegen. Sind diese ausgeschlossen, wird psychiatrisch zu prüfen sein, inwieweit die Schlafstörungen auf das Vorhandensein einer psychischen Erkrankung hinweisen, zum Beispiel auf eine Depression. Es könnte sein, daß auch dafür keine Anhaltspunkte gefunden werden. Bleibt die Behandlung der Schlafstörungen auf diesen beiden Ebenen stehen, wird sich die therapeutische Intervention vermutlich auf die körperliche Ebene beschränken. Es ist anzunehmen, daß ein Schlafmittel verordnet wird.

Die Logotherapie versucht darüber hinaus zu klären, ob es für diese Schlafstörungen Gründe gibt, die ihren Ursprung primär in der geistigen Dimension des Mannes haben. Folgende Fragen könnten einer entsprechenden Klärung dienen: Liegt bei ihm ein unlösbarer Gewissenskonflikt vor? Leidet er darunter, daß die Sinnfrage seines Lebens unbeantwortet geblieben ist? Belastet ihn eine ungeklärte Schuldproblematik? Läßt sich eine solche geistige Problematik erkennen, wird diese auch vorrangig bearbeitet.

3.2 Auf der Suche nach Sinn

Viktor E. Frankl betont in seinen Werken immer wieder, daß der Mensch als geistiges Wesen auf der Suche ist, seinen Sinn zu finden und ihn zu erfüllen. Gelingt es ihm nicht, sein Leben sinnvoll zu gestalten, erlebt er es als mißlungen. Er wird existentiell frustriert. Er leidet am Gefühl einer inneren Leere, empfindet sein Leben als inhaltslos und ziellos. Dieses existentielle Vakuum, wie Viktor E. Frankl dieses Sinnlosigkeitsgefühl bezeichnet, begünstigt die Entstehung somatischer und psychischer Störungen und macht das Individuum allgemein anfälliger für Krisen. Deshalb will die Logotherapie den um Sinn ringenden Menschen helfen, diesen zu entdecken und ihn zu erfüllen. In dieser Hinsicht versteht sie sich als sinnorientierte Psychotherapie.

Dabei ist mit dem Sinn zunächst nicht jene umfassende Deutung des Lebens gemeint, die allem Tun und Erleben einen Sinn gibt (Sinn = Bedeutung). Der Sinn bezeichnet in erster Linie auch nicht das <u>eine</u> große Lebensziel, das alle anderen Ziele bestimmt (Sinn = Funktion).

Der oben erläuterte Sinnbegriff wird in der Logotherapie erweitert um das Verständnis: <u>Sinn als Anfrage des Lebens</u>.

Viktor E. Frankl weist darauf hin, daß der Mensch, der nach dem Sinn seines Lebens fragt, so etwas wie eine „kopernikanische Wende" vollziehen muß. Er sagt:" Nicht wir dürfen nach dem Sinn des Lebens fragen – das Leben ist es, das Fragen stellt, Fragen an uns richtet – wir sind die Befragten! Wir sind die, die da zu antworten haben, Antwort zu geben haben auf die ständige, stündliche Frage des Lebens, auf die ‚Lebensfragen'."*

Dieser Sinnaufruf ist äußerst individuelle. Er bezieht sich immer auf die jeweilige Person, die nach Sinn fragt und auf die Situation, in der diese Frage gestellt wird.

Die Aufgabe der Sinnverwirklichung wechselt deshalb „nicht nur von Mensch zu Mensch – entsprechend der Einzigartigkeit jeder Person –, sondern auch von Stunde zu Stunde, gemäß der Einmaligkeit der Situation."**

Diesen Sinnaufruf der Situation gilt es zu verstehen und zu beantworten. Wie ist das praktisch zu verstehen?

Eine Mutter hört ihr Baby schreien. Sie legt das spannende Buch aus der Hand und versorgt ihr Kind. Ein Chirurg weiß, er kann den Patienten nur durch eine riskante Operation retten. Er stellt sein eigenes Sicherheitsbedürfnis zurück (wie stehe ich da, wenn es mißlingt?) und wagt den heiklen Eingriff. So konkret, so individuell ist der Sinnaufruf in der Logotherapie gemeint.

3.3 Sinn und Wert

Wozu ruft uns aber jede Situation auf? Sie fordert uns heraus, die Werte zu verwirklichen, die in ihr verborgen liegen. Es kann sich dabei um Werte handeln, die durch aktives Tun verwirklicht werden, wie in den oben genannten

* Frankl, Zeiten der Entscheidung, 1996, S. 22
** Frankl, Ärztliche Seelsorge, 1994, S. 91

Beispielen. Aber auch im Bereich des persönlichen Erlebens werden Werte realisiert, die das Leben mit Sinn erfüllen. Solche Erlebniswerte können verwirklicht werden im Erleben der Natur, im religiösen Erleben, im Genießen des Schönen, im Erkennen des Wahren und in dem Erleben der Liebe.

Werden das aktive Schaffen und das Sinn stiftende Erleben durch ein schweres, nicht zu änderndes Leiden stark eingeschränkt oder ganz unmöglich gemacht, etwa in Form eines endgültigen Verlustes eines Menschen durch den Tod, einer unheilbare Krankheit, einer nicht zu behebenden Behinderung usw., hat der Mensch dennoch die Chance, Werte zu verwirklichen. Diese liegt in der Art und Weise, wie er sein Leiden trägt und bewältigt. Gelingt es dem Menschen – unter Umständen nach langen, inneren Kämpfen – , sein schweres Schicksal anzunehmen und es im Rahmen der ihm verbleibenden Möglichkeiten zu gestalten, kann er ihm auf diese Weise noch Sinninhalte abtrotzen.

Ein solcher Umgang mit dem eigenen Leiden zählt für Viktor E. Frankl zu den größten Leistungen, die ein Mensch in seinem Leben vollbringen kann, und stellt eine echte Verwirklichung von Werten dar. Er nennt sie Einstellungswerte, weil es bei dieser Wertkategorie entscheidend darauf ankommt, wie weit es einem Menschen gelingt, sich zu seinem leidvollen Schicksal sinnstiftend einzustellen.

3.4 Den Sinnaufruf wahrnehmen

Wie aber nehmen wir den Sinnaufruf wahr, der sich in einer konkreten Lebenssituation ergibt? Nach Viktor E. Frankl ist es das Gewissen, das uns dazu in die Lage versetzt.

Mit Gewissen meint er nicht die anklagende Stimme des sogenannten „schlechten" Gewissens. Viele Menschen verbinden mit der Vorstellung vom Gewissen diese negative Funktion. Sicher hat dies seine Ursache in dem realen Erleben des eigenen Gewissens, aber nicht zuletzt auch in der gesellschaftlichen Tradition im Verständnis dieser speziellen Funktion der menschlichen Seele.

Über Jahrhunderte wurde das Gewissen in der vom Christentum geprägten Gesellschaft als Stimme Gottes verstanden, die dem Menschen sagt, was gut ist und was Gott von ihm verlangt.

Sigmund Freud, der Begründer der Psychoanalyse, setzte diesem christlichen Verständnis des Gewissens ein völlig säkulares, psychologisch begründetes, entgegen. Für ihn kommt im Gewissen die Stimme der Gesellschaft zur Sprache. Es vertritt die durch Erziehung eingeprägten, moralischen Normen der Gesellschaft. Aus diesem Grund erlebt das Individuum die Funktion seines Gewissens in der Regel als „schlechtes Gewissen", als eine innere Instanz, welche die „unmoralischen" Triebwünsche in ihm verurteilt und abzuwehren versucht.

Viktor E. Frankl dagegen meint mit dem Gewissen die intuitive Fähigkeit des Menschen, zu erkennen, was in einer Situation durch ihn geschehen soll. So wie ein Bildhauer in einem Steinblock mit seinem künstlerischen „Gewissen", seiner kreativen Intuition, das Bild „erschaut", das in diesem Stein steckt, so erschließt das Gewissen das, was in einer Situation für die Person sinnvoll ist. In diesem Hören auf seine „innere Stimme", auf die Stimme seines Herzens, entdeckt der Mensch reale Möglichkeiten zur Sinnverwirklichung, die in jeder Situation verborgen sind.

Diese Fähigkeit der Person zur intuitiven Schau liegt nach Viktor E. Frankl in ihrem geistig Unbewußten begründet. Dieses ist von dem in der Psychoanalyse beschriebenen triebhaft Unbewußten radikal zu unterscheiden. In der Tiefe des Unbewußten herrschen nicht nur die Triebe, wie S. Freud es in seiner psychoanalytischen Theorie beschrieben hat. Jenseits dieser Triebebene, die Viktor E. Frankl durchaus nicht leugnet, gibt es eine geistige Ebene des Unbewußten, in welcher die oben beschriebene intuitive Fähigkeit des Gewissens ihren Ursprung hat. So verstanden, kann das Gewissen als Stimme des geistig Unbewußten oder auch als Stimme der Person bezeichnet werden.

In dieser Tiefe der Person hat das Gewissen Zugang zu einer Wirklichkeit, die über die Begrenztheit es Individuums hinausreicht. Es taucht ein in den Bereich der Transzendenz. Mit einem interessanten Vergleich illustriert Viktor E. Frankl diesen Zusammenhang: „So wie der Nabel des Menschen für sich betrachtet sinnlos erscheinen müßte, weil er nur aus der Vorgeschichte, ja der vorgeburtlichen Geschichte des Menschen zu verstehen ist als ein ‚Rest' am Menschen, der hinausweist über den Menschen selbst, auf seine Herkunft vom mütterlichen Organismus, in dem er einst geborgen war, – genau so läßt sich das Gewissen als sinnvoll nur dann restlos verstehen, wenn es verstanden wird im Sinne eines Hinweises auf seinen transzendenten Ursprung."* Deshalb kommt im Gewissen nicht nur das Individuum selbst zur Sprache, sondern diese transzendente Wirklichkeit, die seine Existenz weit übersteigt.

Im Hören auf diese Stimme nimmt der Mensch also mehr wahr, als seine eigene Stimme, auch wenn sie noch so sehr aus dem Verborgenen des Unbewußten stammen sollte.

Viktor E. Frankl scheut sich nicht, an dieser Stelle darauf hinzuweisen, daß in ihr für den religiösen Menschen

* Frankl, Der unbewußte Gott, 1985, S. 47

die Stimme dessen zu vernehmen ist, der ihn geschaffen hat: die Stimme Gottes.

3.5 Der Traum als Stimme der Person

In der Beratungsarbeit habe ich die Erfahrung gemacht, daß in den Träumen diese Stimme des geistig Unbewußten als Stimme der Person in einzigartiger Weise zum Ausdruck kommt. In den Träumen lassen sich aber auch Botschaften vernehmen, die ihren Ursprung in der oben erwähnten transzendenten Wirklichkeit haben.

Werden die Botschaften vernommen und beachtet, helfen sie dem Individuum bei seiner Aufgabe, den Sinn zu finden und ihn zu erfüllen. Sie ermutigen zur sinnvollen Entscheidung, korrigieren sinnwidrige Haltungen oder warnen vor Gefahren, die die Sinnverwirklichung bedrohen.

Sehr oft sind gerade solche Sinnbarrieren Gegenstand von entsprechenden Traumbotschaften. Es handelt sich bei diesen Blockaden häufig um innere Einstellungen, innerseelische Konflikte oder gedankliche Fixierungen, die eine Sinnverwirklichung verhindern. Sie werden in den Träumen klar benannt. Gleichzeitig zeigen sie aber auch Wege zu ihrer Überwindung auf. Ein erstes Beispiel dazu aus der Arbeit Viktor E. Frankls:

„Eine Patientin träumt, gleichzeitig mit der Schmutzwäsche werde eine schmutzige Katze in die Wäscherei abgegeben und werde dann, unter der zurückgekommenen gewaschenen Wäsche, tot aufgefunden. – Assoziationen: Zur ‚Katze' fällt der Kranken ein, daß sie Katzen ‚über alles' liebe; allerdings liebt sie ebenso ‚über alles' ihre Tochter, ihr einziges Kind. ‚Katze' bedeutet hier demnach ihr Kind. Warum aber ist die Katze ‚schmutzig'? Das erklärt sich,

*sobald wir von der Patientin erfahren, in letzter Zeit sei über das Liebesleben ihrer Tochter in deren Umgebung reichlich getratscht worden – es wurde in dieser Hinsicht also tatsächlich ‚Schmutzwäsche gewaschen'. Dies ist aber auch der Grund, aus dem die Kranke, wie sie zugibt, ihre Tochter ständig belauert und bevormundet habe. Was besagt demnach der Traum im ganzen? Er stellt eine Warnung dar: die Kranke möge ihre Tochter nicht mit übertriebener Erziehung zu sittlicher ‚Reinheit' so lange quälen, bis die Tochter daran zugrunde geht. Der Traum bringt somit die warnende Stimme des eigenen Gewissens zum Ausdruck.“**

An diesem Beispiel wird deutlich, wie der Traum als Stimme der Person hilft, eine kritische Lebenssituation zu erkennen und eine Haltung einzunehmen, die zum Gelingen des Lebens beiträgt. Damit er diese Funktion wahrnehmen kann, muß er vom Träumenden als Stimme seiner Person oder sogar als Ausdruck einer Wirklichkeit ernst genommen werden, die außerhalb seiner Person liegt. Das aber ist nicht selbstverständlich.

---

* Frankl, Zeiten der Entscheidung, 1996, S. 73

4. Der Traum – Stimme Gottes oder Chaos im Gehirn?

Die Kulturgeschichte der Menschheit weist reichhaltige und auch sehr frühe Aussagen zum Phänomen des Traumes auf. Diese seltsame Erscheinung einer spezifischen Bewußtlosigkeit (Schlaf), kombiniert mit einer geheimnisvollen Wachheit (Traumerleben), dieser kleine Bruder des Todes, der zugleich das Tor zu einem fremden Leben und Seelenzustand zu sein scheint, hat Menschen gleichzeitig fasziniert und irritiert, begeistert und geängstigt. So wurde gefragt und geforscht mit dem Ziel, seine Entstehung zu enträtseln und seine Bedeutung zu verstehen. Die Ergebnisse dieser Bemühungen lassen sich in drei Grundaussagen zusammenfassen. Der Traum wird verstanden als Stimme einer göttlichen Macht, als Produkt menschlicher Seelentätigkeit und als Ergebnis bestimmter körperlicher Reaktionen.

4.1 Die Stimme Gottes

Zur sehr alten Tradition des Traumverstehens gehört die Überzeugung, in ihm teile Gott selbst dem Menschen wichtige Botschaften mit. In der jüdischen wie in der christlichen Tradition finden sich entsprechend deutliche Hinweise in den biblischen Schriften.

So wird im Zusammenhang der Josefgeschichte von einem Traum des Pharao berichtet.

„Nach zwei Jahren hatte der Pharao einen Traum: *er stand am Nil und sah sieben schöne, fette Kühe aus dem*

Nil emporsteigen; die weideten im Grase. Nach ihnen sah er aus dem Nil sieben andere Kühe steigen, häßlich und mager; die traten neben die Kühe am Ufer des Nils. Und die häßlichen, magern Kühe fraßen die sieben schönen, fetten Kühe. Da erwachte der Pharao. Dann schlief er wieder ein und träumte abermals: *Sieben Ähren wuchsen auf einem Halme, dick und schön; nach ihnen sah er sieben dünne Ähren sprossen, die der Ostwind versengt hatte. Und die dünnen Ähren verschlangen die sieben dicken, vollen Ähren.* Da erwachte der Pharao, und siehe, es war ein Traum." (1. Mose 41, 1–7)

Josef, ein Hebräer, den der Pharao an seinen Hof geholt hatte und der wegen einer Verleumdung durch die Frau des Pharao im Gefängnis saß, wurde gerufen, um den Traum zu deuten. Daraufhin antwortet Josef: „Bei mir steht das nicht; Gott wird dem Pharao Heil verkünden." (1. Mose 41, 16) Damit formuliert Josef zwei Grundüberzeugung seiner Religion:

1. Gott ist es, der in Träumen redet. 2. Das Deuten von Träumen ist keine menschliche Möglichkeit, sondern eine Gabe Gottes, die er verleiht, wem er will.

Diese Auffassung findet sich auch in anderen religiösen Zusammenhängen. Sie liegt den unterschiedlichsten Kulthandlungen, magischen Ritualen und religiösen Übungen zugrunde. Sie haben alle das eine Ziel: Gottes Stimme im Traum zu vernehmen und seine Botschaft zu verstehen.

4.2 Die verborgene Tätigkeit der Seele

Neben dem religiösen Verständnis des Traumes gab es immer auch die Überzeugung, daß sich seine Funktion psychologisch erklären läßt. So wurde unterschieden zwischen wichtigen und unwichtigen Träumen. Man erkannte, daß die Persönlichkeit des Träumenden, seine

Wünsche und Probleme und das Erleben des Tages (Tagesrest) direkten Einfluß auf das Traumgeschehen haben. Allerdings erfolgte keine klare Abgrenzung zwischen der religiösen und der psychologischen Interpretation der Träume.

4.2.1 Der Traum erfüllt geheime Wünsche (Freud)

Das Zeitalter des primär psychologischen Verstehens der Träume begann mit der Theorie zur Traumdeutung, die Sigmund Freud, der Begründer der Psychoanalyse, im Jahr 1900 veröffentlichte. Er versuchte nachzuweisen, daß es eine spezifische psychologische Technik gibt, die es gestattet, jeden Traum zu deuten und ihn als sinnvolles psychisches Gebilde darzustellen, das den psychischen Prozessen im Wachzustand eindeutig zugeordnet werden kann. Welche Funktion aber hat der Traum?

S. Freud geht davon aus, daß im Unbewußten des Menschen bestimmte Triebansprüche existieren, die in ihm entsprechende Wünsche erzeugen. Da diese vor allem sexueller Natur sind, werden sie im bewußten Zustand des Individuums von seinem „Ich" zurückgedrängt und deshalb häufig nicht wahrgenommen. Im Traum nun ist das Bewußtsein weitgehend ausgeschaltet, und die geheimen Wünsche fordern ihr Recht. Das ungeschminkte Auftreten dieser Wünsche kann den Träumenden so erschrecken, daß er davon erwacht. Deshalb hat das „Ich" eine Art Zensur eingeführt. Die peinlichen und Angst auslösenden, sexuellen Wünsche werden so „umgearbeitet", daß sie für den Träumenden erträglich bleiben. Er kann ruhig weiter schlafen.

Die Traumfunktion erfüllt sich also auf eine doppelte Weise: Sie stellt zum einen eine außergewöhnliche Form von Wunscherfüllung dar und tritt zum andern als Hüter des Schlafes auf.

Diese Traumtheorie führt dazu, hinter dem offensichtlichen Traum, der erinnert werden kann (manifester Traum), den eigentlichen, unzensierten Traum zu vermuten (latenter Traum) Dieser muß in einer bewußten Bearbeitung rekonstruiert werden. Im Zusammenhang einer solchen Rekonstruktion werden die Traumsymbole besonders oft als Sexualsymbole interpretiert.

Diese einseitige Sichtweise ist in den letzten Jahrzehnten weitgehend überwunden worden. Heute gilt für viele, die sich um das Verstehen von Träumen bemühen: Der Traum ist erst einmal so anzunehmen und zu bearbeiten, wie er sich darstellt. Seine Bilder und seine Symbole sind in dem Kontext zu verstehen, die sie im konkreten Traumgeschehen haben.

Die Weiterentwicklung geht vor allem auf den Schüler Freuds, den großen Psychoanalytiker C. G. Jung, zurück.

4.2.2 Der Traum korrigiert das bewußte Bild (C. G. Jung)

C. G. Jung macht darauf aufmerksam, daß der Traum dem Menschen zu einer gesunden Entwicklung seiner Persönlichkeit helfen will. Dazu ist es manchmal erforderlich, daß die bewußte Einstellung des Menschen zu sich selbst und zu seiner Lebenssituation korrigiert werden muß. Manchmal sehen wir alles positiver, manchmal alles negativer, als es in Wirklichkeit ist. Im Traum korrigiert das Unbewußte unser bewußtes Bild von der Wirklichkeit.

Da erscheint jemanden alles völlig hoffnungslos. Im Traumerleben aber wird ein deutliches Signal der Hoffnung gesetzt. Der Traum ruft auf, die Situation aktiv anzugehen und nicht der Resignation zu verfallen. Ein anderer sieht sich als tatkräftige, erfolgreiche Persönlichkeit. Im Traum erlebt er sich ängstlich und bedroht, als einen Menschen, dem Entscheidendes fehlt. Es wird ihm bewußt, daß sein Erfolg den mühsamen Versuch darstellt, ein Defizit an Liebe und Geborgenheit auszugleichen. Der Traum ruft auf, die Orientierung am Erfolg zu korrigieren, um Raum zu schaffen für das Erleben der Liebe.

Der Traum vermittelt also Botschaften des Unbewußten, die das Ziel haben, eine sinnvolle Gestaltung des Lebens zu fördern.

4.3 Der Traum – eine biochemische Körperreaktion

Neben der religiösen und psychologischen Deutung des Traumes gibt es immer auch eine skeptische, sich auf das rein körperliche beschränkende Auffassung vom Traumgeschehen. Bereits der Philosoph Aristoteles sieht in den Träumen Produkte der menschlichen Natur, seiner Sorgen, Hoffnungen und Ängste, vor allen Dingen aber ein Ergebnis der Bewegung und der Wärme seines Blutes. In der Zeit der Aufklärung vertieft sich diese naturwissenschaftliche Sicht des Traumes. Es werden Experimente mit äußeren Sinneseindrücken durchgeführt. Kitzelt man einen Schlafenden mit einer Feder an der Nase oder an den Lippen, empfindet er dieses im Traum als schreckliche Tortur. Man glaubt, auf diese Weise die bizarren Phänomene des Traumgeschehens auf innere und äußere Körperreize zurück führen zu können. Die experimentelle Traumforschung der Gegenwart, die sich auf die neurologischen Bedingungen des Träumens und auf entsprechende Veränderungen im Gehirn spezialisiert hat, setzt den Versuch fort, den Traum in erster Linie als Körperreaktion zu begreifen. Aus dieser Perspektive ist er nichts anderes als eine biochemische Reaktion.

Es ist festzustellen, daß alle Untersuchungen und Theorien das Phänomen des Traumes nicht vollständig erklären können. Gleichzeitig wissen wir, daß er einen wichtigen

Beitrag für die körperliche und seelische Gesundheit des Menschen leistet. Immer ist und bleibt er Ausdruck einer ganz persönlichen Auseinandersetzung des einzelnen mit seiner Lebenswirklichkeit, mit seinen Wünschen und Hoffnungen, seinen Erfolgen und seinem Versagen, mit seinen Ängsten und Konflikten. Der Traum kann dem einzelnen helfen, in seinen Problemen Hinweise und Hilfen zu erhalten, die es ihm möglich machen, seinen Sinnweg zu finden und ihn zu gehen. Dazu ist es allerdings erforderlich, die Sprache des Traumes zu verstehen.

5. Ich kann das Durcheinander nicht verstehen

So äußern sich immer wieder Menschen, bevor sie mir ihren Traum erzählen. Dazu zwei Beispiele:

Ich gehe über einen Friedhof. Auf ihm werden Militärgeräte verschrottet. Ich vernehme Lärm, der aus einer dunklen Nische kommt. Ich folge dem Lärm und entdecke ein Skelett. Nachdem ich mich an die Dunkelheit in der Nische gewöhnt habe, stelle ich fest, es ist das Skelett eines Engels. An seinem Rücken sind ganz deutlich Flügel zu erkennen. Ich freue mich über diesen Fund. Es gibt also doch Engel. Ich habe den Beweis gefunden. Ich fotografiere das Skelett von allen Seiten. Die ganze Atmosphäre hat etwas Nüchternes an sich. Plötzlich werde ich traurig. Mir wird klar, es ist ein Botschafter, der etwas verkündigen will.

Ich bin in den USA. Meine Schwester besucht hier eine Universität. Ich suche einen Vogel. Plötzlich entdecke ich einen großen Vogel, der majestätisch am Himmel entlang gleitet. Ich denke: Der paßt nicht hier her. Auf einmal bin ich ein kleiner Vogel. Ich klammere mich an den Fuß des großen Vogels und fliege mit ihm davon. Ich kann mich nicht länger festhalten und stürze ab. Ich schlage auf, bin aber nicht tot. Ich habe mich in einen kleinen Saurier verwandelt. Ich weiß: Der Flug konnte nicht gut gehen. Der große Vogel schüttelt über meinen Flugversuch den Kopf.

Wie lassen sich solche Trauminhalte verstehen? Da gelten die Regeln der Logik nicht mehr: *Ich muß ein Kleidungs-*

stück mit Kohle säubern. Die Dimensionen von Raum und Zeit scheinen aufgehoben zu sein: *Ich gehe in der Dunkelheit spazieren und fürchte mich. Plötzlich sitze ich im hell erleuchteten Theater. Ich freue mich, nicht mehr allein zu sein.* Skurrile, erschreckende, aber auch paradiesisch schöne Bilder tauchen auf: *Das Skelett hat zwei Flügel; aus dem Loch schoß ein Drachenwurm; ich sah das Meer im hellen Licht der Sonne glänzen, alles war voller Frieden.* Personen verschmelzen oder lösen sich in mehrere Gestalten auf: *Auf einmal war es nicht mehr mein Mann, sondern mein Vater.* Unmögliches scheint möglich: *Die Frau springt vom hohen Turm. Sie kommt unten an und geht ruhig weiter.*

Diese kurzen Andeutungen zeigen, daß wir es im Traum mit einer anderen Welt zu tun haben, die den Gesetzmäßigkeiten unserer bewußten Welt nicht unterworfen zu sein scheint. Warum ist das so?

5.1 Das Wesen des Traumes

Um dieses merkwürdige Phänomen zu verstehen, ist das Wesen des Traumes näher zu betrachten. Es handelt sich bei ihm um einen Ausdruck der inneren Seelentätigkeit im Schlafzustand. In diesem ist der Einfluß des Wachzustands auf ein Minimum reduziert. Im Wachzustand haben wir die Aufgabe, unser Leben unter den Bedingungen unserer Existenz in Raum und Zeit zu bewältigen. Zu diesen Bedingungen gehören bestimmte Gesetzmäßigkeiten, die wir als logisch oder natürlich bezeichnen und empfinden.

Wenn die beiden Aussagen Gültigkeit haben: „Alle Menschen müssen sterben", und „Werner ist ein Mensch", dann ist es logisch, daß Werner auch sterben muß. Zu den Naturgesetzen gehört das Fallgesetz. Halte ich einen Ball in der Hand und lasse ihn los, empfinde ich es als natürlich, daß er zu Boden fällt.

Im Wachzustand ist unser Denken, Empfinden und Handeln an diese Gesetzmäßigkeiten gebunden und von ihnen beeinflußt. Anders könnten wir nicht überleben. Wie sollten wir uns orientieren, wenn es nicht mehr gilt, daß ein Gegenstand zu einem bestimmten Zeitpunkt nur an einem Ort sein kann? Wie ließe sich die Sicherheit der eigenen Identität bewahren, wenn wir zugleich zwei oder mehrere Personen sein können, wie es im Traum möglich ist? Wie könnten wir die Ergebnisse unseres Handelns vorhersehen, wenn das Kausalprinzip von Ursache und Wirkung aufgehoben ist? Wir sind darauf angewiesen, daß die logischen Gesetze dieser Welt von Raum und Zeit gültig bleiben und sich als wirksam erweisen, um einigermaßen sicher in ihr leben zu können.

Im Traumzustand aber fallen alle diese Bedingungen weg. Und nicht nur das, auch die kulturellen und gesellschaftlichen Einflüsse, die wir täglich in uns aufnehmen, verlieren die Wirksamkeit, die sie im Wachzustand für uns haben. Die gesellschaftliche Konvention in unserem Land hindert beispielsweise die meisten daran, nackt durch die Einkaufszone ihrer Stadt zu laufen. Im Traum kann dies ohne weiteres der Fall sein, wie mancher schon erfahren hat.

S. Freud weist darauf hin, daß die kulturellen Kräfte unsere Triebimpulse zähmen, wie es am genannten Beispiel deutlich zu erkennen ist. Aber sie verzerren und blockieren auch unsere Wahrnehmung für das Gute und Sinnvolle. Pausenlos werden wir abgelenkt und belastet (Werbung, Hektik, Streß). Wir übersehen dabei leicht Wesentliches für unser Leben.

Wird dieser negative Einfluß im Schlafzustand aufgehoben, erfahren wir uns als klüger, vorausschauender und weiser, als wir es im bewußten Zustand sind. Im Traum nehmen wir Kontakt auf zu unserem geistig Unbewußten. Verstehen wir, was es uns durch den Traum mitteilen will, kann es uns vor Fehlern warnen, auf sinnvolle Wege hinweisen, uns in unserer Entscheidung bestätigen oder zu wesentlichen Korrekturen aufrufen.

Seine Sprache aber ist die der Symbole, die den Gesetzen der Logik nicht unterworfen ist. Die „Grammatik" dieser außergewöhnlichen Sprache besteht in der Intensität, den Gefühlsinhalten und Assoziationen der entsprechenden Bilder und Ereignisse im Traum. Da uns eine solche „Grammatik" nicht vertraut ist, erscheint uns die ganze Sprache bizzar und unverständlich. Sie zu entziffern aber ist eine lohnende Aufgabe.

5.2 Die Sprache der Symbole

Der Traum ist in der Sprache der Symbole geschrieben. Wir haben weithin verlernt, diese Sprache zu verstehen. Deshalb erscheint uns im ersten Augenblick alles unsinnig und unverständlich. Wer seinen Traum verstehen will, muß lernen, mit dieser Sprache umzugehen. Erich Fromm hält deshalb die Symbolsprache für die einzige Fremdsprache, die jeder Mensch beherrschen sollte.

Er teilt die Symbole in drei Kategorien ein: in konventionelle Symbole, in zufällige Symbole und in universale Symbole.

5.2.1 Die konventionellen Symbole

Eine deutsche Sportlerin gewinnt die Goldmedaille in ihrer Disziplin. Während der Siegerehrung wird die schwarz-rotgoldene Flagge gehißt. Sie ist das Symbol für das Land, das die Sportlerin in diesem Augenblick repräsentiert. Es besteht eine Konvention, eine Übereinkunft darüber, daß diese Farben auf der Flagge die Bundesrepublik Deutschland symbolisieren. In jeder Gesellschaft und auf internationaler Ebene gibt es eine Menge solcher Symbole, die durch Konvention in ihrer Bedeutung festgelegt sind. Verkehrszeichen gehören ebenso dazu – eine Ampel, deren Lichtzeichen rot leuchtet, bedeutet: Anhalten! – wie die sogenannten Piktogramme: Eine brennende Zigarette, über die ein roter Balken gelegt ist heißt: Bitte nicht rauchen! Tauchen solche Symbole im Traum auf, sind sie erst einmal im Sinne ihrer konventionellen Festlegung zu verstehen.

Herr T. träumt:

Ich befinde mich in einem großen kahlen Raum. Da entdecke ich einen Gegenstand aus Lehm und Ton. Es sieht aus wie ein Vogel, der auf einer Glocke sitzt. Ich denke an die Schlegel, die in den Glocken sind und diese zum Erklingen bringen. Diese Glocke hat keinen Schlegel und kann deshalb auch keinen Ton hervorbringen. Ich wollte mir einen Ton leihen.

Herr T. verbindet mit dem Vogel die Vorstellung von Freiheit und Ungebundenheit. Dann fällt ihm ein, daß er mit der Glocke Ostern verbindet. Ihm ist folgende Tradition in Frankreich bekannt. Am Karfreitag hören die Glocken auf zu läuten (keinen Ton!), dann fliegen sie nach Rom (Vogel!) und kehren Ostern wieder zurück und lassen dabei Süßigkeiten fallen.

Herr T. ist stark von seinem christlichen Glauben geprägt. Durch dieses konventionelle Symbol (fliegende Glocke) kam es zu einem intensiven Gespräch über das Thema Tod und Auferstehung im existentiellen Sinn. Was ist erstorben? Was soll wiederbelebt werden? Wie kann die Melodie des eigenen Lebens zum Klingen gebracht werden?

5.2.2 Die zufälligen Symbole

Eine Frau bekommt von ihrem Mann zum ersten Hochzeitstag einen Ring geschenkt. Für sie wird dieser Ring zum Symbol, das sie immer an ihren ersten Hochzeitstag erinnern wird. Ein Mann findet bei einem Strandspaziergang eine ausgefallene Muschel. Er hebt sie auf und nimmt sie mit nach Hause. Jedesmal, wenn er sie ansieht, werden Erinnerungsbilder und entsprechende Gefühle wachgerufen, die ihn an die wertvolle Zeit des Urlaubs erinnern. Die Muschel ist für ihn zum zufälligen Symbol für diesen Urlaub geworden.

Alles kann zu einem zufälligen Symbol werden, ein Kleid oder eine Pflanze, ein bestimmtes Lied oder ein Bild, ein Ort oder ein Gebäude. Entscheidend ist die emotionale Verknüpfung und die persönliche Erinnerung, die eine Person damit verbindet. Diese Art der Symbole ist nur ausgesprochen individuell. Ein Fremder kann sie weder erkennen noch verstehen. Erläutert die Person den Zusammenhang zwischen bestimmten Ereignissen und dem Symbol, wird dessen Bedeutung auch für einen anderen verständlich. So berichtete mir eine Frau, daß für sie eine bestimmte Melodie eine große Bedeutung habe. Für sie verband sich mit dieser Melodie die Erinnerung an eine entscheidende Begegnung mit einem Menschen. Sie konnte es kaum ertragen, wenn sie diese Melodie in alltäglichen Zusammenhängen zu hören bekam.

Meiner Erfahrung nach spielen zufälligen Symbole für das Verstehen von Träumen eine zentrale Rolle. Nur mit Hilfe des Träumenden können sie entdeckt und verstanden werden. Er allein kennt die symbolische Bedeutung, die ein Gegenstand oder eine Situation im Traum für seine bewußte Wirklichkeit hat.

Frau F. träumt:

Ich bin im Dienst einer Frau. Wir unterhalten uns über einen gelben Pullover, der mir gehört. Ich sage: „Der ist robust, den kann man in die Waschmaschine werfen. Er bleibt trotzdem weich." Die Frau glaubt es mir nicht. „Das sagen alle", entgegnet sie, „da ist am Ende dann doch viel Arbeit." Ich bleibe bei meine Überzeugung und versichere ihr: „Nein, ganz gewiß nicht." Da drückt sie ihn heftig zusammen. Plötzlich ist ein roter Pulli da. Der fusselt sehr und ist schon ziemlich grau geworden. „Für den gilt das natürlich nicht", füge ich einschränkend hinzu.

Ich frage Frau F., ob ein gelber Pulli für sie eine Rolle spiele. Sie erinnert sich, daß ihr Mann, als sie ihn kennengelernt hatte, einen solchen Pulli trug. Er ist in diesem Traum ein Symbol für die in jeder Hinsicht positive Anfangszeit ihrer Beziehung, die zur Zeit belastet ist. Durch den Traum wird deutlich, diese Beziehung hat sich als äußerst strapazierfähig erwiesen. Tatsächlich konnten alle Schwierigkeiten, Probleme und Konflikte in den zurückliegenden Jahren die wertvolle und positive Beziehung im Kern nicht zerstören.

Auf den roten Pullover angesprochen, erklärt Frau F., daß sie einen solchen zur Zeit habe. Er fusselt tatsächlich sehr. Der rote Pullover weist in diesem Traumbild symbolisch auf die reale, gegenwärtige Situation hin. In der Partnerschaft ist in der letzten Zeit tatsächlich vieles *„grau geworden"*. Es wird die Aufgabe sein, die sonst so unverwüstliche Partnerschaft von diesem „Grauschleier" zu befreien.

An der nachfolgenden Traumsequenz wird deutlich, wie sehr darauf zu achten ist, daß die persönliche Verknüpfung, die der Träumende zu einem Symbol herstellt, Vorrang haben muß vor einer allgemeinen Deutung. Herr O. träumt:

Ich komme in die Küche. Auf dem Küchentisch entdecke ich eine überdimensional große Schale. Auf der Schale liegt eine Banane, die entsprechend unnatürliche Ausmaße hat.

Auf die Frage, was der Herr O. mit der Banane verbindet, weist dieser daraufhin, daß er unterwegs immer eine Banane mitnimmt. Sie gibt ihm die Sicherheit, bei einem Hungergefühl gleich etwas zum Essen dabeizuhaben. Auch zu diesem Gespräch hatte er eine Banane mitgebracht. Wie leicht wäre hier die Deutung in Richtung eines Sexualsymbols gewesen! So aber rief der Traum auf, sich mit dem Thema der Absicherung auseinanderzusetzen.

Herr B. träumt:

Ich habe vergessen, wann ich Geburtstag habe. Die Kollegen im Betrieb beschweren sich, weil ich mit ihnen nicht gefeiert habe.

Herr B. verbindet mit Geburtstag nur negative Erinnerungen. Es ist für ihn ein Tag, an dem ihm bewußt wird, wie lange sein Leben bereits problematisch verläuft. Hier wird ein allgemeines Symbol der Freude und des Feierns zu einem individuellen Symbol für mißglücktes Leben. Das Vergessen des Geburtstagstermins im Traum unterstreicht überdeutlich, wie sehr er dieser unangenehme Erinnerung in seinem bewußten Lebensvollzug auszuweichen versucht. Das geistig Unbewußte greift diese Haltung in dem Traumbild auf und gibt Herrn B. damit die Möglichkeit, sie zu verändern.

Im Traum von Frau P. spielt ein anderes zufälliges Symbol eine Rolle.

Ich befinde mich auf einer Baustelle. Es sind noch keine Wände des neuen Hauses zu erkennen, sondern nur Balken, die das Ganze einmal tragen sollen. Ich höre Stim-

men. Es sind noch andere Menschen auf der Baustelle. Mit einem Mal entdecke ich das Zeichen des Roten Kreuzes an einem Balken. In dem Augenblick, in dem ich mich auf der Baustelle besser orientieren will, bin ich ganz allein. Die anderen Leute scheinen mich zu ignorieren. Ich muß wohl unsichtbar für sie sein.

Frau P. steht vor der Aufgabe einer umfassenden Neuorientierung ihres Lebens. Durch die Entwicklungen in den letzten Jahren hat sich viel in ihrem Leben verändert. Sowohl ihre beruflich Situation als auch ihre Beziehung zu ihrem Mann sind von diesem Prozeß betroffen.

Ich frage sie, ob sie etwas mit der Entdeckung des Symbols des Roten Kreuzes verbinden kann. Sie erklärt mir, daß es für sie ein Symbol des Wiedereinstiegs in den Beruf darstellt.

Als sie ihre Kinder bekam, gab sie ihre berufliche Tätigkeit auf. Nachem diese in die Schule kamen, stieg sie beim Roten Kreuz beruflich wieder ein.

Das unfertige Haus, vor dem sie im Traum steht, gleicht ihrem Leben, das es neu zu konstruieren gilt. Dabei fühlt sie sich ganz allein gelassen. *In dem Augenblick, in dem ich mich auf der Baustelle besser orientieren will, bin ich ganz allein.* Außerdem machen ihr Minderwertigkeitsgefühle zu schaffen. Sie fühlt sich in ihrem Bemühen von ihrer unmittelbaren Umgebung nicht ernst genommen. *Die anderen Leute scheinen mich zu ignorieren. Ich muß wohl unsichtbar für sie sein.*

Das Symbol des Roten Kreuzes aber erinnert sie daran, daß sie es schon einmal geschafft hat, ihr Leben in die Hand zu nehmen. Der Traum fordert sie auf, es noch einmal zu wagen, trotz ihres Gefühls, damit allein gelassen zu sein. Sie ist aufgerufen, ihr Leben neu „aufzubauen".

5.2.3 Die universalen Symbole

Es gibt Symbole, die finden sich in den unterschiedlichsten Kulturen der Völker, in ihren Märchen und Mythen und in ihren Religionen wieder. Sie tragen ihre Bedeutung in sich selbst und in den allgemeinen Erfahrungen, die nahezu alle Menschen mit ihnen machen. So kann zum Beispiel das Feuer auf eine positive seelische Kraft (Wärme, Licht, Energie), auf einen seelischen Reinigungsprozeß (reinigendes Feuer), auf Lebendigkeit und Veränderungen (Spiel der Flammen) oder auf Zerstörung (verzehrendes Feuer) hinweisen. Die Symbolbedeutung liegt im Wesen und der Wirkung des Feuers, wie es alle Menschen erleben. Im konkreten Zusammenhang eines Traumes müssen universale Symbole wegen ihrer großen Bedeutungsbreite unbedingt in den individuellen Bezug zur Lebenssituation des Träumenden gebracht werden.

Ich stehe am Rande eines großen Schwimmbeckens. Das Wasser ist klar und glatt, wie unberührt. Ich freue mich darauf, in dieses klare Wasser zu springen. Ich springe hinein. Beim Eintauchen gehe ich unter, meine Beine und Arme werden wie unkontrolliert hin und her gerissen. Ich überschlage mich und sinke immer tiefer, bekomme Angst, nicht früh genug auftauchen zu können. Ich habe nicht ausreichend Luft, versuche an die Oberfläche zu gelangen. Ich erwache mit einem Gefühl der Angst.

Wasser gilt als Ursymbol des Lebens. Es ist Quelle des Lebens, und es ist zur Aufrechterhaltung des Lebens unentbehrlich. Der junge Mann, der diesen Traum berichtet, steht am Anfang seines Erwachsenseins. Er freut sich darauf, sich in das vor ihm liegende Leben zu stürzen. Auf Grund seiner spontanen und stark emotional gesteuerten Lebensweise erlebt er sehr oft, daß er sich in Situationen stürzt, Entscheidungen überstürzt, was zu „Verwicklungen" und Konflikten führt, die nicht immer leicht zu lösen sind. Das Ursymbol „Wasser" steht im Zusammenhang der Lebenssituation des Mannes für eine zweifache Wahrheit: – für die Faszination des Lebens (*ich freue mich darauf, in dieses klare Wasser zu springen*), – für die Gefahr einer Lebenshaltung, die das Spontane und Emotionale zu einseitig zur Motivation des Handelns macht, mit Kontrollverlust (*meine Beine und Arme werden wie unkontrolliert hin und her gerissen*) und Verlust der Orientierung (*ich überschlage mich und sinke*).

Der Traum warnt in diesem Fall vor einer „Lebens-Gefahr" am Anfang des Erwachsenseins. Logotherapeutisch formuliert liegt in ihm ein Hinweis darauf, neben der seelischen Dimension (Was sagt mir mein Gefühl?) die geistige Dimension für die Lebensführung stärker zu entdecken und zu entwickeln. (Was ist in dieser Situation sinnvoll?)

Herr E. träumt:

Ich sehe mehrere Flüsse. Sie sind stark verschmutzt. Mir wird gesagt, sie sollen gereinigt werden, damit das Wasser, das in ihnen fließt, rein durchkommen kann.

Hier taucht das Ursymbol Wasser in Verbindung mit dem Ursymbol des Flusses auf, der den Lebensstrom versinnbildlicht. Dem Träumer stehen unterschiedliche Lebensalternativen zur Auswahl (*mehrere Flüsse*). Er muß sich für eine entscheiden. Allen ist das Problem der Verunreinigung gemeinsam. Es ist ihm tatsächlich „unklar", welcher „Fluß" <u>sein</u> Lebensstrom sein soll. Bevor er sich entscheiden kann, muß er einen Klärungsprozeß durchführen. Erst dann kann er eine „klare" Entscheidung treffen, die, logotherapeutisch verstanden, für ihn die sinnvolle sein wird. Wasser erscheint in diesem Traum in einer Symbolfunktion, die mit dem Zustand der Reinheit und Klarheit oder der Wirkung der Reinigung und Klärung verbunden ist.

Auf einen ganz anderen Zusammenhang weist das Symbol des Wassers im folgenden Traum hin.

Ich sitze in einem riesigen Boot. Es hat Platz für viele Menschen. Alles ist ganz offen. Wir gleiten über ein klares, flaches Gewässer. Ein Passagier steigt aus und beginnt, das Boot zu ziehen. Es läßt sich mit Leichtigkeit ziehen. Mir ist unwohl bei dem Gedanken, daß das Boot gezogen wird. Ich empfinde, daß eine innere Spannung in mir aufsteigt. Da kommt mir der Gedanke: „Mir kann gar nichts passieren. Die herrliche Landschaft, die Sonne und die Kraft des Wassers lassen es nicht zu.“

Herr M. befindet sich in einer Situation des Umbruchs. Er muß entscheiden, in welche Richtung die Fahrt seines Lebens geht. Dabei erlebt er die Tatsache, daß seine Entscheidung allein nicht ausschlaggebend ist, als beunruhigend. Seine Partnerin wird mit ihren Entscheidungen maßgeblich an der weiteren Entwicklung seiner Lebensreise beteiligt sein. Er muß es zulassen, daß jemand anderes an seinem Lebensboot zieht.

Das Wasser erscheint in diesem Traum als Symbol der tragenden Kraft des Lebens. *Mir kann gar nichts passieren. Die herrliche Landschaft, die Sonne und die Kraft des Wassers lassen es nicht zu.*

Der Traum ruft Herrn M. auf, dieser tragenden Kraft des Lebens zu vertrauen und so die Ängstlichkeit angesichts seiner Umbruchssituation zu überwinden.

Die drei Träume haben uns mit der Bedeutungsvielfalt des Wassersymbols vertraut gemacht: Lebenselement, Bedrohung (Ertrinken!), Lebensstrom, Reinigung, tragende Kraft (Boot). Sie lassen erkennen, daß es für ihr Verstehen wichtig ist, die Bedeutungsvarianten des Wassersymbols zu kennen und diese mit dem individuellen Traumgeschehen in Verbindung zu bringen.

Wer universale Symbole in seinem Traum entdecken will, sollte sich die Kenntnis der wichtigsten Symbole aneignen. Bücher zum Thema Traumsymbole können dazu eine Hilfe sein. Siehe dazu auch Kapitel 8.

6. Dazu fällt mir ein ...

Das Verstehen eines Traumes hängt wesentlich von den Assoziationen an Erinnerungen, Gedanken und Gefühlen ab, die er in einer Person auslöst. Dazu zwei Beispiele.

Herr M. berichtet von folgendem Traum:

Ich beobachte ein seltsames Insekt. Es stürzt sich auf eine Wespe und beißt diese in den Nacken. Es frißt die Wespe auf. Im darauf folgenden Gespräch schildert Herr M., daß ihn dieser Traum emotional sehr bewegt habe, nicht nur nach dem Erwachen, sondern auch noch längere Zeit danach. Er sei innerlich sehr aufgewühlt und beunruhigt gewesen. Da ich keinerlei Verbindung zu dem relativ „harmlosen" Trauminhalt entdecken kann, frage ich nach der symbolischen Bedeutung des Trauminhalts, in der Hoffnung, daß diese als „zufällige", das heißt sehr persönliche, erkennbar wird: „Was verbinden Sie mit den Symbolen ihres Traumes, – Insekt, – Wespe?"

Daraufhin teil mir Herr M. mit, daß er sich schon als Kind besonders für das Leben der Insekten interessiert habe, besonders für Bienen. Das Buch „Die Biene Maja" sei lange Zeit sein Lieblingsbuch gewesen.

Aus diesem speziellen Interesse an den Insekten habe sich im Laufe der Zeit eine innere Haltung entwickelt, die darauf ausgerichtet sei, Insekten unter allen Umständen zu schützen. So sorge er dafür, daß sie nicht leichtfertig vernichtet werden, was leider sehr oft aus Gedankenlosigkeit geschehe.

Der Traum erinnere ihn in seinem Ablauf allerdings an ein Erleben der Natur, das ihn seit vielen Jahren beschäftige und in ihm schwerwiegende Fragen auslöse. Es sei die Erfahrung, die er in der Beobachtung der Natur mache, daß es in ihr insgesamt sehr grausam zugehe. Der Stärkere vernichtet den Schwächeren. Jedes Tier lebt davon, daß es ein anderes Lebewesen vernichtet.

An dieser Stelle ergibt sich im Gespräch eine überraschende Entwicklung. Herr M. betont, daß er in eine intensive, religiöse Erziehung genossen habe, in der Gott immer wieder als barmherziges und gütiges Wesen dargestellt worden sei. Angesichts der Grausamkeiten in der Natur, könne er in ihr keinen Hinweis auf einen gütigen und barmherzigen Gott erkennen. Diese persönliche Schlußfolgerung aus seinen Beobachtungen hätten im weiteren Verlauf seines Lebens dazu geführt, sich vom christlichen Glauben abzuwenden. Er habe die Hoffnung aufgegeben, eine überzeugende Antwort auf die Frage zu finden, wie angesichts der grausamen Realität der Natur die Behauptung, es gäbe einen barmherzigen Gott, aufrecht erhalten werden könne. Aus diesem Grund habe er die religiöse Frage seit Jahren „auf Eis" gelegt.

Die Tatsache, daß der Traum diese Thematik so deutlich aufgreift, erlebt Herr M. als persönlichen Aufruf, sich dieser elementaren und bislang noch ungelösten Frage erneut zuzuwenden.

Ein weiterer Traum:

Ich stehe als Kasper oder Zirkusclown im Rampenlicht. Doch statt meine erwartete Rolle zu spielen, brach plötzlich etwas aus mir heraus. Ich zerstörte irgend etwas vor aller Augen. Erst im Moment des Zerstörungsaktes spürte ich den ganzen schrecklichen Schmerz über zurückliegende Auseinandersetzungen.

Frau V., die diesen Traum erzählt, verbindet mit ihm das Stichwort „aus der Rolle fallen". Sie verknüpft mit dem Bild des Clowns die negative Selbsteinschätzung, nicht ernst genommen zu werden und sich ihrer selbst nicht sicher zu sein.

Dieses Gefühl der Selbstunsicherheit wird wesentlich verstärkt durch das Erleben einer unkontrollierbaren, zerstörerischen Kraft, die aus ihrem Inneren empor steigt. Mit dem Vollzug der Zerstörung bricht ein tiefer Schmerz auf, der an vergangene Auseinandersetzungen erinnert.

Frau V. assoziiert mit diesem Geschehen eine tiefsitzende Angst, die Aggressionen zuzulassen, die sie in sich spürt. Sie fürchtet, die Kontrolle über ihre aggressiven Impulse zu verlieren und großes Unheil anzurichten. Damit dies nicht geschieht und sie nicht „aus der Rolle fällt", unterdrückt sie ihre Aggressionen permanent.

Im weiteren Verlauf des Gesprächs versteht Frau V. immer mehr, daß der Traum sie dazu aufruft, sich mit dem Zusammenhang von Selbstunsicherheit und Aggression in ihrem Leben auseinanderzusetzen. Sie will lernen, einen sinnvollen Umgang mit der Kraft der Aggression zu entwickeln. Dadurch kann sich diese Kraft, die sie bisher nur als Kraft der Zerstörung kennt, in eine Kraft zur Lebensgestaltung verwandeln.

An diesen Beispielen wird deutlich, wie sehr zum Verstehen eines Traumes der sogenannte „freie Einfall" erforderlich ist. Alles, was dem Träumenden spontan zu den Inhalten seines Traumes einfällt, woran er sich erinnert oder was er intuitiv mit ihm verbindet, fördert sein Verstehen.

Es geht dabei um ein absolut individuelles, einmaliges Geschehen, das ich als intuitives Schauen bezeichne. Ich lehne für mich den Begriff „Traumdeutung" ab, da er leicht den Eindruck vermittelt, es gäbe die eine richtige Deutung eines Traumes, die es herauszufinden gelte und einen Deuter, der dazu zweifelsfrei in der Lage sei. In Wahrheit bleiben Symbole und Inhalte eines Traumes mehrdeutig. Dennoch enthält er als Ganzes eine klare Botschaft an die Person des Träumenden.

Verstehen beschreibt den Versuch einer geistig seelischen Annäherung an diese Botschaft. Sie spricht immer in eine ganz konkrete, einmalige Situation. Es gilt zu entdecken, was das geistig Unbewußte mitzuteilen hat. Das ist trotz aller Mehrdeutigkeit des Trauminhalts möglich und deshalb die zentrale Aufgabe des Traumverstehens.

Im Dialog ereignet sich das Vernehmen dieser Botschaft in einem wechselseitigen Bewegen von Erinnerungen, Einfällen und intuitiven Verknüpfungen. Äußerst wichtig ist es, daß derjenige, der mithelfen will, den Traum eines anderen zu verstehen, seinen Beitrag niemals aufdrängt oder gar mit der Behauptung versieht: „So ist das zu verstehen, was du geträumt hast!" Es muß gerade von einem Helfer darauf geachtet werden, daß es bei ihm lediglich zu einem behutsamen, intuitiven Umkreisen und Betrachten des fremden Traumes kommt. Alle Einsichten können nur als Möglichkeit des Verstehens artikuliert und dem Träumer als Verstehenshilfe angeboten werden.

Hier ist eine echte Bescheidenheit des Helfers erforderlich. C. G. Jung, der in seiner psychotherapeutischen Arbeit auf eine immense Erfahrung im Umgang mit Träumen zurückblicken konnte, rief sich vor jeder Aufgabe eines Traumverstehens ins Bewußtsein, daß er zunächst einmal keine Ahnung davon hat, was dieser Traum bedeutet. Erst aus dieser Haltung eines ehrlichen Nichtwissens heraus war ihm ein angemessener Umgang mit dem konkreten Traum möglich.

Kommt es in einer solchen Haltung zu einem Dialog, der ein echtes und tiefes Verstehen bewirkt, dann zeigt sich dieses sehr oft in der Form einer inneren Zustimmung, die in Bemerkungen wie diesen zum Ausdruck kommen kann: „Das ist die Antwort auf meine Frage!";

„Damit ist genau der Kern meines Problems formuliert"; „Das ist exakt meine innere Gefühlslage, die ich einfach nicht in Worte fassen konnte." Verstehen erzeugt so ein tiefes, inneres Einverstandensein.

Um zu dieser Art des Verstehens zu gelangen, sind einige Regeln im Umgang mit Träumen zu beachten.

6.1 Ehrlichkeit im Umgang mit den Trauminhalten

Es erfordert nicht selten eine starke, innere Überwindung, sich den konkreten Inhalten seines Traumes zu stellen. Ist es schon schwer genug, sich selbst einzugestehen, daß ein Traum peinliche, sexuelle oder aggressive Inhalte hatte, so gilt dies natürlich in weit stärkerem Maße, wenn es darum geht, die peinlichen Inhalte einem anderen mitzuteilen.

Da träumt eine Frau, wie sie sich von einer anderen erotisch angezogen fühlt und sich auf eine entsprechende Situation einläßt. Ein Mann erlebt im Traum, wie er seine Frau in aggressivster Weise angreift. Im Wachbewußtsein liegen solche Verhaltensweisen für die betreffenden Personen weit entfernt von allem, was sie real leben und sich als ihr eigenes Verhalten vorstellen können. Aber nur, wenn solche unangenehmen und vielleicht peinlichen Inhalte ehrlich betrachtet und bewegt werden, kann verstanden werden, was mitgeteilt werden soll.

Um diese Ehrlichkeit entwickeln zu können, ist eine spezifische Angst zu überwinden.

Vielleicht fürchten Sie sich, im Traum könnten Kräfte wirksam werden, Wahrheiten ans Licht kommen oder Erinnerungen geweckt werden, mit denen Sie im bewußten Leben nicht umgehen können. Sie fürchten sich vor den „unberechenbaren" Botschaften ihres Unbewußten.

Meine Erfahrungen im Umgang mit eigenen und vielen fremden Träumen bestätigen das Gegenteil. Ich habe nicht einmal erlebt, daß die Botschaft eines Traumes die Person überfordert oder unerträglich belastet hat. Das Gegenteil ist der Fall. Ich erlebe, daß das geistig Unbewußte durch den Traum ermutigt, Klarheit vermittelt, verborgene Zusammenhänge aufzeigt oder entscheidenden Durchblick verschafft. C. G. Jung , der in seiner jahrelangen Forschungsarbeit die Wirkungen der Träume untersucht hat, kommt ebenfalls zu dem Ergebnis, daß das Ich durch das Unbewußte nicht gefährdet wird. Er unterstreicht die positive Wirkung der Träume für den Menschen. Nach seiner Erfahrung und Beobachtung erlebt jeder, der sich über längere Zeit seinen Träumen widmet und versucht, diese zu verstehen, einen wertvollen Beitrag zur positiven Entwicklung seiner Persönlichkeit. Es gibt also keinen Grund, sich vor seinen Träumen zu fürchten.

6.2 Die Herstellung des Zusammenhangs

Es ist unmöglich, die Botschaft eines Traumes zu verstehen, ohne Berücksichtigung des Lebenszusammenhangs, in dem er entstanden ist. Es kommt manchmal vor, daß mich jemand fragt: „Können Sie mir sagen, was dieser Traum bedeutet?" Darauf hin wird mir der Traum erzählt. Ich muß den Fragesteller jedesmal enttäuschen. Solange ich keine nähere Kenntnis habe von seiner Person und Situation, ist es mir unmöglich, eine auch nur annähernd zutreffende Antwort zu geben.

Wenn einzelne ohne Berücksichtigung dieser elementaren Voraussetzung versuchen, die Bedeutung eines Traumes zu formulieren, handeln sie unverantwortlich und beweisen damit, daß sie nicht genug Erfahrung besitzen im Umgang mit einer so schwierigen und bedeutungsvollen Aufgabe. Deshalb gilt es, so sorgfältig und umfassend wie möglich den Kontext eines Traumes zu bestimmen.

6.2.1 Der biographische Kontext

Wenn ein Mensch versucht, den Sinnaufruf an sein Leben wahrzunehmen, kann er dies nur unter Berücksichtigung seiner ganzen Person und augenblicklichen Situation tun. Der Sinn steht immer in Beziehung zu beidem. Er kann nicht isoliert von der konkreten Biographie des Individuums verstanden werden. Dies gilt gleichermaßen auch für das Verstehen eines Traumes. Ohne biographisches Material ist sein Verstehen wesentlich erschwert oder ganz unmöglich. Die folgenden Traumbeispiele sollen diese notwendige Voraussetzung für das Traumverstehen deutlich machen.

Ich gehöre zu einer Handballmannschaft. Ich komme nicht an den Ball heran. Ich strenge mich an. Ich erreiche den Ball. Mein Spiel wird immer besser. Ich bemerke, daß die andere Mannschaft immer passiver wird.

Die Frau, die diesen Traum wiedergibt, erlebte sich in der Kindheit und Jugendzeit als Außenseiterin. Sie wurde in der Klasse nicht akzeptiert, gehänselt und ausgegrenzt. Sie entwickelte ein tief sitzendes Gefühl von Minderwertigkeit, das nun auch ihr Leben als Erwachsene prägt. In früheren Wiederholungsträumen, die über Jahre hin in unterschiedlichsten Variationen auftraten, erlebte sie ihre Grundsituation, bei den anderen nicht „im Spiel" zu sein: *Ich komme nicht an den Ball heran.* Mit diesem Hinweis dokumentierte das Unbewußte immer wieder, wie sehr sie sich von den anderen und vom Leben selbst ausgeschlossen fühlt.

Nur in Kenntnis dieses biographischen Hintergrundes wird die Botschaft des Traumes deutlich, die in der auffälligen Veränderung des Wiederholungstraumes liegt: *Ich komme an den Ball. Mein Spiel wird immer besser.* Der Traum signalisiert eine erfolgversprechend Veränderung der Grundhaltung im Leben dieser Frau. Er ermutigt, das Leben weiter bewußt „in Angriff" zu nehmen und verschweigt auch nicht, daß dies Anstrengung bedeuten kann: *Ich strenge mich an.*

Der folgende Traum gibt ein Beziehungsproblem wieder, das sowohl mit der Biographie als auch der aktuellen Situation der träumenden Person in Verbindung steht.

Ich stehe mit meiner Frau am Fuß eines Berges. Sie will den Berg besteigen. Sie fordert mich auf: „Komm mit auf den Berg!" Ich will nicht. Sie zählt mir alle Vorteile des Bergsteigens auf. Ich glaube es ihr. Aber ich will dennoch nicht aufsteigen. Da beginnt sie, mich hinauf zu schieben. Ich wehre mich. Sie wird ärgerlich: „Ist das der Dank für meine Mühe? Ich meine es doch nur gut mit dir!" Ich werde sehr wütend.

Den Satz: „Ich meine es doch nur gut mit dir!" kennt der Träumende schon aus der Kindheit. Seine Mutter hatte sich mit dieser Bemerkung sehr oft gegen ihn durchgesetzt. Die Freundlichkeit und Fürsorge der Mutter, die verbal so zum Ausdruck kam, erstickte gleichzeitig alle eigene Initiative.

Das gegenwärtige Beziehungsproblem hat an dieser Stelle eine Parallele. Er fühlt sich von seiner Frau ebenfalls „zu sehr bemuttert" und zugleich in seinen eigenen Möglichkeiten eingeschränkt. Der Traum beschreibt also den Kern eines Beziehungsproblems, für das eine sinnvolle Lösung erarbeitet werden muß.

Herr T. gehört zu einer wohlhabenden Familie und ist an der Leitung des eigenen Familienunternehmens beteiligt. Zur Zeit des Traumes gibt es mehrere Konflikte im beruflichen und privaten Bereich. Er ist depressiv gestimmt.

Sein Traum:

Ich befinde mich in der Lebensmittelabteilung eines Supermarktes. Ich sitze plötzlich an einem großen Konferenztisch. Alle Teilnehmer sind vornehm gekleidet. Es ergibt sich eine höfliche Konversation. Plötzlich verschwindet ein Teilnehmer. Die anderen erklären: „Er wird hingerichtet.“ Es wird betont, alles geschehe hoch professionell und sei deshalb halb so schlimm. Ich gehe an der Kasse des Supermarktes vorbei und staune, daß mich niemand aufhält. Ich frage mich: „Warum bin ich nicht eher gegangen? Meine Antwort lautet: Ich wollte die Normalität aufrecht erhalten.

Der Lebensstil von Herrn T., der davon geprägt ist, unter allen Umständen die „Normalität" aufrecht zu erhalten, führt dazu, daß das Leben daran zugrunde geht. *(Er wird hingerichtet.)*

Der Traum fordert Herrn T. auf, die Regeln der Konvention nicht zum ausschließlichen Kriterium seines Handelns werden zu lassen. Es besteht die Gefahr, daß dabei das Lebens selbst seinen eigentlichen Sinn verliert, daß es selbst auf der Strecke bleibt. Notwendige Entscheidungen, die zur Überwindung dieser Gefahr getroffen werden müssen, sollen nicht länger aufgeschoben werden. *(Warum bin ich nicht eher gegangen?)* Der Traum ruft Herrn T. auf, endlich das Leben zu wagen. Es geht primär nicht länger darum, die Normalität aufrecht zu erhalten, sondern den Sinnaufruf des Lebens wahrzunehmen und ihm zu folgen.

Wenn Sie ihren Traum verstehen wollen, dann fragen Sie sich: Welche Beziehung hat sein Inhalt zu meiner Biographie und zu der aktuellen Situation, in der ich ihn geträumt habe? Welches Lebensthema klingt in ihm an? Welche Frage stellt er mir? Welcher Konflikt, welches Problem wird benannt? Wenn Sie damit beginnen, so zu fragen, werden Sie Verbindungslinien und Zusammenhänge entdecken, die Ihnen helfen, die Botschaft Ihrer Träume leichter zu erschließen.

6.2.2 Die Verbindung zum Tagesgeschehen

Was wir am Tag vor dem Traum erleben, fließt nicht selten in das Material ein, daß das Unbewußte zu seiner Gestaltung benutzt. In der Traumforschung spricht man hier vom „Tagesrest". Dieser Sachverhalt ist beim Verstehen eines Traumes unbedingt zu berücksichtigen. Geschieht das nicht, werden Trauminhalte sehr leicht fehlinterpretiert. Sie gewinnen symbolische Bedeutung, die sie angesichts ihrer Verbindung zum Tagesgeschehen im Einzelfall gar nicht haben.

Allerdings darf umgekehrt vom Tagesrest nicht auf die Bedeutungslosigkeit eines Traumes geschlossen werden. Wenn sich angesichts seiner Bilder und Inhalte Verbindungen zu Ereignissen des Vortages herstellen lassen, heißt das noch lange nicht, der Traum habe keine weitergehende Bedeutung für die Situation dessen, der ihn geträumt hat. Es ist sehr sorgfältig zu klären, wie das Geschehen des vorigen Tages im Traum aufgegriffen und in einen neuen Zusammenhang gebracht worden ist.

Ein Beispiel:

Ich bin beim Zahnarzt. Er zerbricht den Zahn, den er ziehen will. Ich renne aus dem Behandlungszimmer und spuckte alles aus, was zu Bruch gegangen ist. Plötzlich habe ich meinen Unterkiefer in der Hand. Ich werfe ihn in einzelnen Stücken in den Bach. Ich bin wütend, daß dies das Ergebnis meiner Entscheidung ist, meinen Zahn behandeln zulassen.

Herr. V. hatte am Tag vorher seinen Zahnarzt aufgesucht. Es war dabei zu einer Auseinandersetzung um die Behandlungsweise eines entzündeten Zahns gekommen. Diese Auseinandersetzung wird offensichtlich im Traum noch einmal aufgegriffen.

In der allgemeinen Traumsymbolik weist der Zahn auf die Lebensvitalität hin. Es fällt auf, daß es im Traum nicht nur um einen Zahn geht wie am Tag zuvor, sondern um den gesamten Unterkiefer. *(Plötzlich habe ich meinen Unterkiefer in der Hand.)* Die Lebensvitalität scheint umfassend bedroht zu sein. *Ich werfe ihn in einzelnen Stücken in den Bach.* Das Symbol *Bach* (Strom des Lebens) unterstreicht zusätzlich, daß es hier um mehr geht als um den Zahnarztbesuch (Tagesrest). Es geht um eine wesentliche Lebensfrage.

Bei weiterem Nachdenken über die gegenwärtige Situation stellt sich heraus, daß Herr V. sich in einer schwerwiegenden Auseinandersetzung mit seinem Vater befindet. Er erlebt sich in dieser Auseinandersetzung trotz seines Erwachsenseins als ohnmächtig. Sein Versuch, sich gegen ihn zu behaupten, ist fehlgeschlagen. Seitdem ist er in eine depressive Grundstimmung geraten. Die Lebensvitalität hat deutlich abgenommen!

Der Traum baut also das Tageserleben in ein Bild ein, das ein grundlegendes Problem von Herrn V. ins Bewußtsein hebt.

Die depressive Grundstimmung ist das Ergebnis der nach innen gewandten Wut über den Mißerfolg der Auseinandersetzung. *(Ich bin wütend, daß dies das Ergebnis meiner Entscheidung ist, meinen Zahn behandeln zu lassen.)* Es gilt zu lernen, die aggressive Kraft, die normalerweise als gesunde Lebenskraft der Lebensgestaltung zur Verfügung steht, nicht gegen sich selbst zu richten, sondern zur reifen Bewältigung des aktuellen Konflikts zu nutzen. Sie ist zum Aufbau einer sinnvollen Lebensführung einzusetzen.

Frau D. träumt:

Ich bin in einem alten Haus. Das Treppenhaus sieht ziemlich heruntergekommen aus. Plötzlich bin ich mit meinem Mann in einem Zimmer. Ich liege im Bett. Er schiebt mir mit einer widerwilligen Geste ein Brot zu, das er mir gemacht hat. Im Bett entdecke ich Reste der alten Verzierung aus dem Treppenhaus. Der Putz war ins Bett gefallen. Wie selbstverständlich esse ich den Putz.

Der Tagesrest dieses Traumes besteht in dem Wunsch von Frau D., ihr Mann möge ihr einmal das Frühstück ans Bett bringen. Dieser Wunsch ist am Tag zuvor in ihr entstanden, aber unerfüllt geblieben. Im Traum taucht die „Erfüllung" dieses Wunsches als Konfliktdarstellung auf.

Ihr Mann bringt ihr ein Brot, aber widerwillig. Sie erwartet ein Zeichen der Liebe und Zuneigung, wird statt dessen widerwillig „abgespeist". Da verzichtet sie lieber auf das Brot und ernährt sich von dem Putz, der von der Wand gefallen ist.

Frau D. empfindet nach dem Traum, daß das Brot, das ihr im Traumgeschehen völlig lieblos gereicht wurde, ihr genauso wertlos erscheint wie der Putz, der von der Wand fällt.

Der Tagesrest wird hier zum Ausgangspunkt der Illustration einer tiefgehenden Beziehungskrise, die es zu lösen gilt.

Beide Beispiele illustrieren, daß es bei dem „Tagesrest" im Traum nicht nur um die Verarbeitung zurückliegender Tagesereignisse geht, sondern entscheidend um das „Wie" ihrer Verarbeitung. Wenn Sie also Elemente aus dem Vortag in Ihrem Traum entdecken, dann werten Sie ihn nicht ab mit Gedanken wie: „Das habe ich ja nur geträumt, weil ich dies oder jenes gestern erlebt habe!" Achten Sie sorgfältig darauf, wie das vergangene Geschehen in den Traum hinein gearbeitet wurde. So können Sie versteckte Hinweise Ihres Unbewußten erkennen, die Sie sonst leicht übersehen würden.

6.2.3 Die Gefühle und Gedanken nach dem Erwachen

Frau D. äußerte im Gespräch Gedanken und Gefühle beim Erwachen, die für die Interpretation des Trauminhalts von erheblicher Bedeutung waren. Solche Gedanken und Gefühle in unmittelbarem Anschluß an den Traum sind unbedingt zu beachten und in sein Verstehen einzubeziehen. Manchmal weisen sie auf den entscheidenden Gedanken hin, der zum Ausdruck kommen soll.

Herr A. träumt:

Ein Kollege aus der Firma besucht mich. Ich soll ihm helfen, ein betriebliches Problem zu lösen. Ich verhalte mich ablehnend, weil ich eigentlich nicht dazu bereit bin. Meine Frau gibt mir unter dem Tisch einen leichten Tritt. Ich soll meine Trägheit überwinden und zusagen.

Beim Aufwachen schießt Herrn A. der Gedanke durch den Kopf: „Seltsam, die Frau war ein Mann!" Obwohl im Traum nichts von einer solchen Vermischung oder der Verwandlung einer Frau in einen Mann auftritt, verknüpft sein Unbewußtes diesen Gedanken beim Erwachen mit dem Trauminhalt.

Sehr schnell wird deutlich, daß es in diesem Traum, neben der Verarbeitung einer realen Situation (Tagesrest!), um ein Zentralthema von Herrn A. geht, um die konkrete Realisierung seines Mannseins. Er erlebt sich in Beziehungssituationen wiederholt als passiv, zuweilen depressiv. Ihm fehlen häufig Entschlußkraft und der Mut zur Initiative. Er ist unsicher im Umgang mit der Kraft der Aggression, die er eher als bedrohlich empfindet.

Die spontane Reaktion auf den Traum nach dem Erwachen erweist sich hier als entscheidender Schlüssel, der den Zugang zum Verstehen der Traumbotschaft ermöglicht. Herr A. wird daran erinnert, auf die bisher nicht ausreichend entwickelte Seite seiner Persönlichkeit zu achten und diese zu stärken. Ihm wird klar, daß er auf diesem Weg auch seine Beziehungsfähigkeit verbessern kann.

Frau H.:

Ich gehe mit meinem Hund auf einem Feldweg spazieren. Ein Lastwagen kommt mir auf dem Feldweg entgegen. Ich rufe meinen freilaufenden Hund, damit er nicht überfahren wird. Plötzlich kommen immer mehr Lastwagen, von vorn und von hinten, so daß ich mich selbst in Sicherheit bringen muß und mich nicht mehr um meinen Hund kümmern kann. Da kommt er von allein und ohne Gefahr zwischen den Lastwagen hindurch von der anderen Seite zu mir herübergelaufen. Er hat die Gefahr offensichtlich erkannt und umsichtig gehandelt.

Beim Aufwachen kommt Frau H. folgender Gedanke: „Ich sollte den Traum aufschreiben, weil er mich deutlich auffordert, im Vertrauen loszulassen – es passiert (meinem Hund) nichts.

Dieser Aufruf enthielt tatsächlich den zentralen Hinweis zur Veränderung einer lebensfeindlichen Grundhaltung von Frau H., die eine entscheidende Wurzel in ihrem tiefsitzenden Mißtrauen dem Leben gegenüber hatte. Dieses Mißtrauen hatte zu einer konkreten Lebenskrise und einer seelischen Grundstörung geführt. Der Traum nennt die „Medizin" zur Überwindung dieser Störung: – das Loslassen im Vertrauen.

Herr D. wacht nach seinem Traum mit einem starken Gefühl der Erleichterung und Freude auf.

Ich gehe aus dem Haus. Zwei Leute unterhalten sich übers Kochen. Einer sagt: „Ich will nicht gekocht werden!" Plötzlich sagt jemand: „Und du sollst leben!"

Das Gefühl der Freude bringt zum Ausruck, daß Herr D. die Botschaft des Traumes als Ermutigung und Aufruf zum Leben verstanden hat. Er soll in einem schwelenden Konflikt nicht „weich gekocht" werden, sondern neue Lebensmöglichkeiten für sich entdecken und diese durch klare Entscheidungen verwirklichen.

Wenn Sie Ihren Traum verstehen wollen, ist es nicht nur unerläßlich, sich seinen Inhalt zu merken, sondern auch unbedingt die Gefühle und Gedanken, die er unmittelbar nach dem Erwachen in Ihnen auslöst. Verknüpfen Sie diese spontanen Erstreaktionen mit den Trauminhalten. Auf diese Weise ergeben sich zusätzliche Anhaltspunkte zum Verstehen. Sie erhalten einen emotionalen oder gedanklichen Bezugspunkt, der sehr oft die Grundintention des Traumes andeutet.

6.2.4 Einzelheiten, die auffallen

Zum speziellen Kontext eines Traumes gehören auch Einzelheiten, die besonders auffallen. Dabei ist häufig zu beobachten, daß diese Einzelheiten einem Außenstehenden, dem der Traum erzählt wird, eher auffallen als der Person, die sich an ihren Traum erinnert.

So erging es Frau F. bei der Darstellung ihres Traumes.

Ich gehe eine Straße entlang. Nach einiger Zeit komme ich in eine Stadt. Ich bleibe vor einem Haus stehen. Es hat die Hausnummer 17.

Angesichts der Tatsache, daß sich Trauminhalte allgemein nur schwer im Gedächtnis halten lassen, fällt mir die exakte Erinnerung an die Hausnummer auf. Ich spreche Frau F. daraufhin an. Da fällt ihr ein, daß es die Hausnummer des Hauses ist, in der ihre Großmutter gewohnt hatte. Das Thema „Großmutter" führte auf eine wichtige „Spur" der Biographie von Frau F.

Die strenge und rigide Erziehung, die sie bei der Großmutter genossen hatte, erwies sich als eine nicht zu unterschätzende Prägung ihrer Person. Diese Einsicht ermöglichte es Frau F., die gegenwärtige Problematik ihres Lebens besser zu verstehen und an der Veränderung ihrer Lebensführung zu arbeiten. Sie konnte zu dem Vergangenen neu Stellung nehmen. Damit war ein Ansatzpunkt zur Bewältigung der gegenwärtigen Lebensproblematik gefunden.

Im nächsten Traum ergibt sich ebenfalls aus dem Ansprechen einer „Auffälligkeit" im Traumgeschehen ein wichtiger Hinweis zum Verstehen seiner Botschaft. Herr E. schildert seinen Traum wie folgt:

Ich besuche mein Vaterhaus. Auf dem Weg zu meinem Vater halte ich einen Käfig voller grauer Ratten in meinen Händen. Es sind genau 30 Ratten.

Ich stelle mir einen Käfig vor, in dem 30 Ratten hin und her laufen. Schon im Wachzustand ist es nicht leicht, ihre exakte Zahl festzustellen. Hier gelingt es jemand im Traum. Das erscheint mir bemerkenswert. Ich frage Herrn E. „Was verbinden Sie mit der präzisen Angabe der Zahl 30 in bezug auf die Ratten?" Er lächelt und antwortet: „Darüber habe ich auch schon nachgedacht. Es ist exakt die Anzahl meiner gesamten Lebensjahre abzüglich der glücklichen Jahre meiner Kindheit." Ich gehe an anderer Stelle auf den Traum in seiner Gesamtheit ein. Deshalb ist hier nur darauf hinzuweisen, daß die angesprochene, auffällige Einzelheit eine zentrale Rolle spielte für das Verstehen der Botschaft, die das Unbewußte Herrn E. mitteilen wollte.

Die beiden Beispiele mögen genügen, um zu unterstreichen, wie wichtig es sein kann, auffällige Einzelheiten im Traum zu beachten und anzusprechen. Hier gewinnt der Dialog eine besondere Funktion, da ein Gesprächspartner solche Auffälligkeiten eher wahrnimmt als der Träumende selbst.

Suchen Sie sich deshalb einen kompetenten Gesprächspartner, dem Sie Ihre Träume erzählen können. Ein solches Gespräch erweitert in der Regel den eigenen Horizont des Verstehens.

6.2.5 Die „Dramaturgie" eines Traumes

C. G. Jung hat nach der Analyse vieler Träume festgestellt, daß diese Strukturen aufweisen, die der eines Dramas ähnlich sind. So lassen sich seiner Meinung nach vier Phasen einer „Traumdramaturgie" beschreiben.

Die erste Phase – die Exposition

In der Exposition geht es um Ortsangaben wie: *Ich befinde mich in einem Boot; ich betrete das Haus; der Weg führte durch einen dunklen Wald usw.* und um die Erwähnung der handelnden Personen, zum Beispiel: *meine Schwester schlägt sich mit meiner Mutter; ich fahre mit meinem Lehrer nach Berlin; ich beobachte zwei Männer, die mit Gewehren vor einer Villa stehen.*

Damit ist sozusagen die Ausgangslage des Traumes skizziert.

Die zweite Phase – die Verwicklung

Die Situation wird komplizierter. Es entsteht ein gewisses Spannungsmoment.

Im Hotel ist alles ein großes Durcheinander. Wir Frauen finden alle unseren Zimmerschlüssel nicht. Wir müssen durch Zimmer, die von anderen Hotelgästen bereits bewohnt sind, oder: *In der fremden Wohnung entdecke ich einen Glasbehälter. In ihm bewegt sich eine große, weiße Schlange. Sie wird von allen Bewohnern respektvoll behandelt.*

Nun tritt der Traum in die dritte Phase ein, die C. G. Jung mit Kulmination bezeichnet.

Die dritte Phase – die Kulmination

In dieser Phase verändert sich die Situation unter Umständen plötzlich und dramatisch.

Plötzlich steht der Mann an einem Abgrund. Er springt hinunter und geht weiter, als sei es das Selbstverständlichste von der Welt, oder: *Ich rufe noch – aber da tritt schon ein dunkler, großer Mann hinter dem Vorhang hervor und zielt mit einer Pistole auf mich.*

Ist die Spannung auf dem Höhepunkt angelangt, folgt häufig die Lösung der Situation.

Die vierte Phase – die Lösung

In ihr erfolgt eine Antwort, ein Hinweis, eine Ermutigung oder auch eine Warnung an den Träumenden. In dieser Phase ist die Botschaft des Traumes sehr oft direkt auszumachen. Zum Beispiel:

Wir sind auf der Flucht. Die Verfolger müssen uns gleich eingeholt haben. Ich habe fürchterliche Angst, daß jetzt etwas Schreckliches passieren wird. Es geschieht nichts. Auf einmal ist alles vorbei.

Die Lösung, die hier am Ende des Traums zum Ausdruck kommt, will dem Träumenden Mut machen. Sie greift seine Angst auf, die ihm aus dem bewußten Wachzustand sehr vertraut ist. Gleichzeitig führt sie ihm vor Augen, wie unberechtigt sie ist. Die ängstliche Erwartung eines schrecklichen Geschehens wird beantwortet mit der Feststellung, daß nichts geschieht. Die Angsterwartung erweist sich als gegenstandslos.

Am folgenden Traum lassen sich die einzelnen Abschnitte einer Traumdramaturgie besonders deutlich erkennen.

Mein Mann und ich fahren in unserem Auto. Ich sitze hinter dem Lenkrad. (Exposition)

Wir befinden uns auf der Überholspur und fahren entsprechend schnell. Die Geschwindigkeit nimmt zu. Ich verliere fast die Kontrolle über den Wagen. (Verwicklung)

In diesem Augenblick flüstert mir mein Mann zu, was ich tun soll. Ich weiß aber genau, wenn ich hier heil herauskommen will, muß ich mich auf mich selbst verlassen. (Kulmination)

Da geschieht das Erstaunliche. Ich bekomme das Fahrzeug wieder unter Kontrolle. Es ereignet sich kein Unfall. Niemand kommt zu Schaden. Ich denke: „Jetzt fährst du ruhig weiter in die Stadt.“ (Lösung)

Die Botschaft des Traumes an die Träumende lautet ganz eindeutig: Wenn du aus deiner Lebenskrise heil herauskommen willst, gilt es zu lernen, deinen eigenen Möglichkeiten zu vertrauen. Löse dich von falschen Abhängigkeiten. Hab keine Angst. Wenn du das Steuer deines Lebens endlich selbst in die Hand nimmst, geschieht kein Unglück. Du wirst fähig, „in die Stadt zu fahren", das heißt, neue Lebensbereiche zu erobern.

Nicht jeder Traum hat einen solchen dramatischen Aufbau und Ablauf. Achten Sie dennoch darauf, was sich am Ende ergibt. Der Ausgang eines Traumes enthält in vielen Fällen eine Mitteilung, die für sein Verstehen außerordentlich wichtig ist. Folgende Fragen haben sich in diesem Zusammenhang als äußerst nützlich erwiesen: Wie endet die Traumhandlung? Bleibt das Ende offen oder ist es eindeutig? Geht die Situation besser/schlechter aus, als es nach dem Verlauf der Ereignisse zu erwarten war? Gibt es einen besonderen Kommentar am Schluß? Von wem stammt dieser Kommentar, von mir oder von einem anderen? Welchen Bezug gibt es zwischen dem Ausgang des Traumgeschehens und meiner jetzigen Lebenssituation? Versuchen Sie, mit diesen Fragen die innere Dynamik Ihres Traumes besser zu verstehen.

Nachdem wir einige Grundlagen zum Verstehen der Träume erläutert haben – der freie Einfall, Offenheit und Ehrlichkeit, die Herstellung des Zusammenhangs –, ist noch eine oft gestellte Frage zu beantworten: Müssen alle Einzelheiten eines Traumes als Symbol gedeutet werden oder genügt es, den Traum als Ganzes zu betrachten?

Nach meiner Beobachtung besteht bei vielen, die ihren Traum verstehen wollen, die Neigung, jede Einzelheit des Traumes deuten zu wollen. Das führt nicht selten dazu, daß sie an den Einzelheiten „hängen bleiben" und den Blick für das Ganze des Traums verlieren. Das kann dazu führen, daß sie auf Grund einzelner Teilinhalte des Traumes zu allgemeinen Aussagen kommen, die dem gesamten Traumgeschehen unter Umständen nicht mehr gerecht werden.

Die Antwort auf die oben gestellte Frage möchte ich mit dem Hinweis auf das Verstehen eines Bildes beantworten. Wer die Botschaft eines Künstlers erfassen will, muß zunächst auf den Gesamteindruck achten, den sein Bild bei dem Betrachter hinterläßt. Bringt es eine ruhige oder sehr spannungsgeladene Stimmung zum Ausdruck? Überwiegen warme oder kalte Farbtöne im Bild? Welches Thema wird durch das Bild zur Sprache gebracht?

Ist ein Verständnis des Bildes in seiner Gesamtheit gewonnen, kann der Betrachter sich den Einzelheiten in ihm zuwenden. Welche Rolle spielt die Person in der unteren Ecke für die Aussage des Bildes? Warum hat sie einen roten Mantel an? Was bedeutet es, daß sich auf dem Kirchturm kein Kreuz, sondern das Markenzeichen einer Autofirma befindet?

Das Verstehen geht also vom Ganzen aus und setzt sich

danach in den Details des Bildes fort. Dabei ist es zum Verstehen des ganzen Bildes selten erforderlich, jede Einzelheit eines Bildes zu deuten.

Ähnliches ist auch bei dem Versuch zu beachten, das „Bild" eines Traumes sachgemäß zu interpretieren. Wer herausfinden will, was der Traum zu sagen hat, muß mit dem Allgemeinen beginnen. Hat er das erfaßt, kann er die Einzelheiten näher betrachten und versuchen, diese auf ihre Symbolik hin zu befragen. Auch für das Traumbild gilt: Nicht jede Einzelheit muß erklärt werden, um die Grundaussage des Traumes zu erfassen.

6.2.6 Das Verstehen des ganzen Traumes und seiner Teile

Ein Beispiel:

Ich befinde mich in der Psychiatrie eines Krankenhauses. Ein Pfleger kommt und führt mich zusammen mit den anderen Patienten aus dem Zimmer. Wir gehen einen langen Flur entlang, mehrere Treppen hinunter, bis wir den Innenhof des Krankenhauses erreicht haben. Auf einmal erfaßt mich ein seltsames Gefühl der Bedrohung. Die Stimmung im Hof erscheint mir aggressiv geladen. Während wir im Kreis gehen, stürzen sich plötzlich alle anderen Patienten auf mich und durchbohren mich mit Schaschlik-Spießen. Ich erwache voller Angst.

Ich frage, die Person, die mir diesen Traum berichtet, ob sie irgend etwas mit ihm verbinden kann. Sie antwortet: „Das ist es ja gerade! Dieser Traum ist völlig verrückt. Ich kann überhaupt nichts mit ihm anfangen. Ich in der Psychiatrie! Aber er hat mir große Angst gemacht."

Ich stelle zunächst fest, daß es sich um einen Angsttraum handelt. Danach erkläre ich, daß auch ich mit diesem Traum nichts „anfangen" kann. Ich lasse das Traumbild auf mich wirken. Auf einmal steht mir ein Begriff vor Augen: Verletzungen. Ich teile diesen inneren Impuls meinem Gegenüber mit und frage: Können Sie etwas mit dem Stichwort „Verletzungen" anfangen?

Nach einem kurzen Augenblick des Schweigens bricht es aus ihm hervor: „Und ob! Wenn Sie wüßten, wie sehr ich jahrelang innerlich verletzt worden bin!" Die Person berichtet von seelischen Verletzungen, die sie lange Zeit erlitten hatte und die ihr Leben außerordentlich stark belasten. Im weiteren Verlauf des Gespräches wird klar, daß Ihre gegenwärtige Symptomatik einen direkten Bezug zu dieser traumatischen Erfahrung hat.

Der Traum stellte die entscheidende Verbindung her, die für das Verstehen und die Überwindung einer großen Lebenslast eine wichtige Rolle spielen sollte. Auffällig war in diesem Zusammenhang, daß es genügte, das Traumbild als Einheit zu betrachten, um die hilfreiche Information zu entdecken, die in ihm verborgen lag.

Der Sinnaufruf des folgenden Traumes wurde nur erkennbar, in dem die Einzelheiten des Traumgeschehens gesondert betrachtet wurden.

Es ist Winter. Ich bin Führer eines Panzerfahrzeugs. Mit ihm konnte ich bis zum Nordpol fahren. Ich gehöre zu einer Spezialeinheit, die eine Astronautenausbildung hinter sich hat. Die klimatischen Einflüsse und die Gefahren der Eiswüste können mir nichts anhaben. Wir sind hundertprozentig von der Umwelt isoliert. Auf einmal bin ich in einem fremden, warmen Land. Alles ist frei und offen. Mir kommt in den Sinn: „Hier könnte ich auch im Freien schlafen."

Ich frage Herrn G., welche Assoziationen er mit diesem Traum verbindet. Ihm fällt das Stichwort „überleben" ein. Er empfindet sein Leben als einen einzigen Überlebenskampf. Seine augenblickliche Krisensituation bestätigt diese Grundeinstellung zusätzlich. Er weiß nicht, wie er zu einer befreienden Lösung kommen kann.

Ich weise Herrn G. auf das Bild der Kälte hin, das im Traum lange Zeit vorherrscht, das sich dann aber zum Schluß überraschend ins extreme Gegenteil verwandelt.

Herr G. stellt folgende Verknüpfung her: „Das ist mein Problem. Ich versuche mich davor zu schützen, verletzt zu werden (Panzer). Panzer sind auf Feinde gerichtet. Meine Umwelt und die Menschen in meinem Umfeld erlebe ich als „feindlich". Mein Versuch, mich zu schützen, bewirkt eine völlige Isolation. Ich habe keine Freunde." „Was ist mit der Kälte?", frage ich. Herr G.: „Mein Schutzmechanismus (Panzer) besteht darin, daß ich gegen Gefühle die klare und eiskalte Rationalität setze. Logik und Intelligenz sind meine „Waffen" im Lebenskampf. Dabei bleibt alles „kalt". Gefühle kann und will ich nicht zulassen. Das Leben erscheint mir insgesamt als gefühllos und lieblos (Winter, Nordpol). Dabei sehne ich mich nach Liebe. Ich kämpfe eigentlich darum!"

Der überraschende Schluß des Traums versteht Herr B. als Sinnaufruf. Die Welt ist gar nicht so feindlich, wie er meint. Er muß es wagen, den Panzer der reinen Rationalität zu verlassen und sich dem Bereich der Emotionen bewußt zuwenden. Er kann es lernen „im Freien zu schlafen", sich den eigenen und fremden Gefühlen auszusetzen.

Der Traum macht deutlich: Er wird dabei nicht umkommen. Im Gegenteil. Er gewinnt auf diesem Weg den Zugang zu der „warmen" Seite des Lebens, zur Liebe und zu den Gefühlen insgesamt. Ändert er seine Lebenseinstellung in diesem Bereich, wird sich seine Krise leichter lösen lassen. Unabhängig davon verbessert sich auf jeden Fall seine Beziehungsfähigkeit.

Angesichts eines kompletten Traumgeschehens und seiner einzelnen Teile, Bilder und Symbole, muß in jedem

Fall geklärt werden, ob es ausreicht, den Traum als Einheit zu betrachten und zu verstehen oder ob es erforderlich ist, jede Einzelheit auf ihre Bedeutung hin zu befragen. Diese Klärung kann nur aus dem jeweiligen Zusammenhang heraus erfolgen, aus dem der Traum entstanden ist. Zu beachten ist außerdem, ob der Trauminhalt eine besondere symbolische Bedeutung einzelner Teile erkennen läßt (auffällige Einzelheiten!).

Versuchen Sie deshalb, den Weg vom Allgemeinen zum Speziellen zu gehen. Fragen Sie zunächst: Welche Traumart liegt hier vor? Ist es Ihnen möglich, den Traum zuzuordnen, dann lassen Sie ihn insgesamt auf sich wirken. Welche Stimmung herrscht in ihm vor? Um welches Thema kreist er? Welches Stichwort beschreibt er mit seinen Bildern und seiner Handlung? Versuchen Sie danach, die Funktion einzelner Trauminhalte zu verstehen. Welche Personen treten auf? Wo und wie komme ich im Traum vor? Wie verhalte ich mich? Was geschieht durch andere? Welche Funktionen haben bestimmte Gegenstände? Treten Tiergestalten auf? An welchem Ort spielt sich das Geschehen ab? Gibt es bestimmte Farben, die besonders auffallen? Auf diese Weise können alle Einzelheiten des Traums bewegt und auf ihre mögliche Aussage hin befragt werden.

Es ist nicht erforderlich, die drei Schritte der Betrachtung eines Traumes in dieser Reihenfolge starr einzuhalten. Es können einzelne ausgelassen oder übersprungen werden. Der Traum ist ein so vielschichtiges, individuelles und in sich selbst lebendiges Gebilde, daß es einer hohen Flexibilität bedarf, um angemessen mit ihm umzugehen. Entscheidend bleibt, daß verstanden wird, was zum Ausdruck kommen will. Die exemplarischen Fragen sollen lediglich eine Hilfestellung sein, da sie sich als Hilfe beim Verstehen bewährt haben.

Nachdem wir die wichtigsten Grundsätze des Traumverstehens an entsprechenden Beispielen illustriert und kommentiert haben, soll an den folgenden Traumdarstellungen deutlich werden, wie der Traum einen konkreten Beitrag zur Sinnfindung und zur Sinnverwirklichung leisten kann.

7. Der Traum hilft, den Sinn zu finden und zu erfüllen

In Kapitel 3 habe ich bereits beschrieben, wie sich die Aufgabe der Sinnfindung aus logotherapeutischer Sicht darstellt. Es gilt herauszufinden, wozu eine konkrete Situation (eine Krise, ein Leid, eine Krankheit, ein Verlust aber auch ein Erfolg, ein Glück, eine Heilung) den Menschen aufruft. Die Entdeckung des Sinnaufrufs wird sehr oft durch „Sinnbarrieren" verhindert. Es handelt sich dabei um äußere oder innere Blockaden, die die seelischen und körperlichen Kräfte des Individuums gefangennehmen und ihm die Freiheit rauben, sinnvoll zu handeln.

Herr Z. leidet an einer extremen Angst vor Menschenansammlungen. Sobald er in eine Situation gerät, in der mehre Menschen in seiner Nähe sind, bricht ihm vor Angst der Schweiß aus. Er fürchtet, in Ohnmacht zu fallen. Sein gesamtes Denken, Planen und Handeln dreht sich um diese Angst. Er will unter allen Umständen Situationen meiden, in denen er mit mehreren Menschen zusammen sein muß, um der Angst zu entgehen. Das ist sehr anstrengend und beeinflußt alle Bereiche seines Lebens. Die zentrale Frage heißt für ihn nicht: „Was ist sinnvoll?", sondern: „Wie kann ich die Situation der Angst vermeiden?" Wird ihm klar, was in einer bestimmten Situation sinnvoll ist, zum Beispiel, dem Wunsch seiner Frau zu entsprechen, mit ihr ins Konzert zu gehen, dann hindert ihn die Angst daran, das als sinnvoll Erkannte in die Tat umzusetzen.

Frau J. weiß genau, wie wichtig es für die Entfaltung ihres Lebens ist, ihre eigene Überzeugung und ihre Bedürfnisse den Menschen in ihrem Umfeld mitzuteilen. Sie selbst ist unglücklich darüber, daß sie so stark von außen gelebt wird und sich den anderen nicht so mitteilen kann, wie sie es gerne will. Nicht nur sie leidet unter dieser Situation. Ihr Mann beschwert sich darüber, daß er eine Partnerin hat, von der er nie genau weiß, wer sie wirklich ist und was sie eigentlich will. Obwohl Frau J. den Sinnaufruf ihrer Situation ganz klar verstanden hat, ist es ihr nicht möglich, ihm zu folgen. Etwas in ihr, das sie nicht näher kennt, hindert sie daran.

Herr N. ist pausenlos im Einsatz. In seiner Position als Abteilungsleiter seiner Firma engagiert er sich überdurchschnittlich für deren Belange. Darüber hinaus erfüllt er die Aufgaben des ersten Vorsitzenden in seinem Tennisverein. Als Mitglied des Kirchenvorstands setzt er sich leidenschaftlich dafür ein, daß die Interessen der jungen Menschen im Gemeindeleben besser berücksichtigt werden. So lebt er seit Jahren unter dem ständigen Druck eines übervollen Terminkalenders und ahnt gelegentlich, daß er zum Eigentlichen seines Lebens noch nicht gekommen ist. Seine Lebenssituation, die er sich selbst geschaffen hat, hindert ihn daran, einen Sinnaufruf wahrzunehmen, weil ihm dazu einfach die Zeit und die Ruhe fehlen. Sollte es aber dennoch geschehen, dann fehlt ihm der Spielraum, etwas zu ändern. Zu sehr ist sein Leben festgelegt in den Strukturen seiner Aktivitäten. Sie sind für ihn zu Sinnbarrieren geworden.

Diese Beispiele stehen stellvertretend für die unterschiedlichsten Formen von Sinnbarrieren, unter denen Menschen leiden können.

Wer Sinn finden und erfüllen will, muß diese Hindernisse wahrnehmen und überwinden lernen. Der Traum kann den Zugang zu solchen Blockaden erleichtern und oft auch darauf hinweisen, wie sie überwunden werden können. Dazu ist es zunächst erforderlich, herauszufinden, wie sie entstanden sind und wie sie in Beziehung stehen zur Lebensgeschichte dessen, der sie als Einschränkung seiner Entfaltungsmöglichkeiten erleidet. Es gilt, den „Durchblick" zu gewinnen, die gegenwärtige Problematik auf ihren tieferen Grund hin „zu durch-schauen".

Das geistig Unbewußte entwickelt hier eine erstaunlich diagnostische Fähigkeit (dia-gnosis = durch-schauen). Es stellt im Traum Zusammenhänge her, die den Träumenden in die Lage versetzen, seine aktuelle Symptomatik, seine Konflikte oder seine Krise buchstäblich in einem anderen Licht zu sehen. Er gewinnt Einsichten, die ihm helfen können, vergangene Ereignisse oder innere Einstellungen besser zu verstehen. Dieses neue Verständnis wird nicht selten zum Ausgangspunkt eines Veränderungsprozesses, durch den eine aktuelle Problematik gelöst wird und die Persönlichkeit insgesamt einen Reifungsschritt vollzieht.

7.1 Die „Diagnose"

Der morsche Baum

Frau R. ist ernsthaft bemüht, alles in ihrem Leben richtig zu machen. Sie sucht bei Entscheidungen die eine, perfekte Lösung. Bevor sie handelt, wird alles sorgfältig durchdacht und geprüft, ob es auch vernünftig ist. Gleichzeitig erlebt sie eine enorme, innere Spannung, die ihr Probleme bereitet und sogar körperliche Beschwerden hervorruft. Auch ihre Beziehungen sind von dieser Spannung geprägt. Sie kann es kaum ertragen, daß Menschen in ihrer Umgebung so oberflächlich, gedankenlos und leichtfertig daher leben, wie sie es immer wieder beobachtet. Deshalb gibt es kaum jemand, mit dem sie eine engere Beziehung pflegen kann. Sie leidet unter den Beziehungsschwierigkeiten, die sich aus diesem Grund entwickelt haben. Sie träumt:

Ich sitze hoch oben in der Krone eines Baumes. Seine Äste sind stark und seine Blätter sind grün. Auf einmal beginne ich, den Baum hinabzusteigen. Dabei stelle ich fest, je weiter ich nach unten komme, um so mehr verliert der Baum seine Lebendigkeit. Die Blätter werden braun, die Äste morsch. Ich klettere den Stamm hinunter und sehe, daß er nach unten hin immer morscher wird. Am Ende entdecke ich, daß seine Wurzeln in der Luft hängen.

Im Gespräch über diesen Traum wird schnell klar, was mit dem Sitzen *„hoch oben in der Krone eines Baumes"* gemeint ist. Frau R. hat für sich ein sehr differenziertes, idealistisches Gedankengebäude über das Leben und die Welt entworfen. Diese Ideenwelt ist ihr Zufluchtsort angesichts der Fehler und Mängel des tatsächlichen Lebens und der realen Welt. Ihr Leben spielt sich in vielen Bereichen primär in Gedanken und nicht im konkreten Lebensvollzug ab.

Im Traum wird sie nun darauf hingewiesen, daß die Schwierigkeiten, die sie mit dem Leben hat, wesentlich dadurch bedingt sind, wie sie mit den Idealen ihres Lebens umgeht.

Ihr Lebensbaum „hängt in der Luft". Ihr fehlt eine gesunde Verbindung zum „Erdreich", zur „schweren" Realität, die durchaus unangenehm und auch „unrein" sein kann. In ihr ist nicht alles klar, eindeutig und konsequent, wie es Gedanken sein können. Aber sie ist die Bedingung für echtes Leben, für Lebendigkeit. Ihr Lebensbaum braucht eine gesunde Grundlage. Der Baum muß endlich in das Erdreich der Wirklichkeit gepflanzt werden. Nur dann kann er der Sonne der Ideale entgegen wachsen und seine Lebenskraft voll entfalten.

Frau R. hat die Spannung zwischen Ideal und Wirklichkeit für sich zugunsten eines gedanklichen Ideals aufgelöst und dadurch enorme Schwierigkeiten mit der Realität des Lebens bekommen (der Stamm ist morsch!). Der Traum durchschaut in einem einzigen Bild diesen Zusammenhang und ruft Frau R. zu einer grundsätzlichen Korrektur ihrer Haltung dem Leben gegenüber auf.

Ich kann mich ja nicht sehen!

Herr W. ist ein kritischer Beobachter. Er stellt bei anderen Menschen sehr schnell Defizite und Fehlverhalten fest. Äußert er seine kritischen Gedanken, werden diese oft als übertrieben, unberechtigt oder unbarmherzig abgewehrt.

Gleichzeitig fällt es ihm schwer, seine eigene Situation angemessen einzuschätzen. Er ist sich seiner selbst nicht sicher und gerät deshalb durch kritische Bemerkungen anderer, durch ihre scheinbar berechtigten Vorwürfe oder abwertenden Urteile über ihn leicht in Selbstzweifel. Diese Diskrepanz zwischen der scharfen Fremdbeobachtung und der unscharfen Selbstwahrnehmung greift ein Traum auf und gibt einen wichtigen Hinweis auf die Ursache des Problems.

Ich habe Hautkrebs, genau zwischen meinen beiden Augen. Ich weiß, es ist ein äußerst aggressiver Hautkrebs, an dem ich sterben werde. Ich suche meinen Arzt auf und frage ihn: „Warum haben Sie den Krebs nicht eher erkannt? Ich kann mich ja nicht sehen!“

Das geistig Unbewußte verknüpft die Frage des richtigen „Sehens“ mit dem Problem der Abgrenzung im Leben von Herrn W. Die Haut ist das Organ des Menschen, das ihn von seiner Umwelt abgrenzt. Schwierigkeiten im Bereich der seelischen Abgrenzung können durchaus psychosomatisch bedingte Erkrankungen der Haut verursachen. Im Symbol des Hautkrebses signalisiert das Unbewußte, daß die Unfähigkeit, sich sinnvoll abzugrenzen, für Herrn W. ein „lebensbedrohliches“ Maß angenommen hat. *Ich weiß, es ist ein äußerst aggressiver Hautkrebs, an dem ich sterben werde.*

Seine Lebensführung und die sinnvolle Entfaltung seiner Person sind von den Schwierigkeiten in diesem Bereich ernsthaft gefährdet.

Es fällt auf, daß diese lebensgefährliche Krankheit genau zwischen den *beiden Augen* auftritt. Der Erkrankte kann sie mit seinen eigenen Augen ohne fremde Hilfe (Spiegel) tatsächlich nicht sehen. Die Krankheiten aller anderen lassen sich mit diesen Augen klar und scharf erkennen. Das Traumbild erinnert an eine Bildrede Jesu, in der er die gleiche Problematik mit folgendem Vergleich beschreibt: „Was siehst du aber den Splitter in deines Bruders Auge, des Balkens jedoch in deinem Auge wirst du nicht gewahr?" (Matthäus 7 Vers 3).

Durch das Traumbild wird Herr W. darauf hingewiesen, daß seine Probleme in der Fremd- und Selbstwahrnehmung nur gelöst werden können, wenn es ihm gelingt, sich entschiedener von seiner Umwelt und den Meinungen der anderen Menschen abzugrenzen. Dazu braucht er dringend fachgerechte Hilfe, die er im Traum auch in Anspruch nimmt. *Ich suche meinen Arzt auf.* Die Frage an den Arzt *„Warum haben sie den Krebs nicht eher erkannt?"* deutet an, daß diese Hilfe dringend und sofort nötig ist. Es ist höchste Zeit, diese Herausforderung in Angriff zu nehmen.

Abschreiben gilt nicht!

Herr P. fühlt sich in seinen Aktivitäten überlastet. Er hat große Schwierigkeiten, sich anderen Menschen gegenüber abzugrenzen. Ob im Beruf oder im privaten Bereich, immer fühlt er sich verpflichtet, den Erwartungen und Anforderungen seiner Mitmenschen zu entsprechen. Inneres Ausgebranntsein, das Gefühl permanenter Überforderung und Phasen depressiver Verstimmung sind die Folgen dieser Lebenshaltung. Ein Traum macht ihm klar, worin die Hauptursache seiner Lebenskrise liegt.

Ich bin in der Schule. Wir schreiben völlig überraschend eine Klassenarbeit. Ich bin nicht vorbereitet. Mir fällt nichts ein. Ich versuche, beim Nachbarn abzuschreiben. Vor Aufregung kann ich nichts richtig erkennen, nur einzelne Worte, die keinen Zusammenhang haben. Da höre ich die Stimme des Lehrers: „Abschreiben gilt nicht!" Nun muß ich es wieder allein versuchen. Der Zeitdruck wächst. Gleich muß ich meine Arbeit abgeben. Ich kann nichts abgeben. Ich werde nicht fertig.

Herrn P. wird durch den Traum bewußt, daß er angesichts der Aufgaben, die ihm das Leben gestellt hat (Schule, Klausur, Prüfung sind ein häufiges Symbol für den „Aufgabencharakter" des Lebens), bisher nur von anderen „abgeschrieben" hat. Er hat noch nicht damit begonnen, seine eigene Antwort auf die Herausforderung des Lebens zu finden und diese zum Ausdruck zu bringen. Sein Leben gleicht eher einer Kopie als einem Original.

Einzelne Traumelemente gehen auf für ihn typische Grundgefühle ein. Er kann im Traum *nur einzelne Worte* erkennen, *die keinen Zusammenhang haben.* So empfindet er den Verlauf seines Lebens. Es ist kein sinnvoller Zusammenhang zu erkennen. Vieles hat sich so ergeben, weil andere es wollten. Einzelne „Worte" (Ereignisse, Entscheidungen, Einsichten und Einstellungen) stehen ziemlich unverbunden nebeneinander.

Hinzu kommt das Angstgefühl, daß ihm die Lebenszeit davonläuft. *Der Zeitdruck wächst. Gleich muß ich meine Arbeit abgeben.* Mit jedem neuen Lebensjahr wächst der zeitliche Druck und die Angst, die Aufgabe eines eigenständigen Lebens nicht mehr erfüllen zu können. *Ich kann nichts abgeben. Ich werde nicht fertig.*

Das geistig Unbewußte ruft Herrn P. auf, sich endlich dem Sinnaufruf seines Lebens zu stellen und seine Lebensantworten nicht länger von anderen Menschen „abzuschreiben". Er muß sein eigenes Lebensthema finden und seine ureigene Antwort geben. Der Sinnaufruf, der seinem Leben gilt, kann von niemandem sonst beantwortet werden. Alle fremden Antworten bleiben so sinnlos, wie die einzelnen Worte im Traum, die auch keinen Sinn für die Bewältigung seiner Aufgabe hatten.

Das Krankenhaus brennt!

Herr K. ist auf Grund seiner psychischen und körperlichen Störungen in seinem Lebensvollzug stark eingeschränkt. Er leidet darunter und kämpft gegen diese Begrenzungen mit aller Macht an. Als überzeugter Christ erwartet er eine besondere Hilfe durch den Glauben und ist immer wieder enttäuscht, wenn sich Glaube und Gebet nicht so wirksam erweisen, wie er es sich verständlicherweise wünscht. Zeitweise fällt es ihm sehr schwer, diese ständige Belastung seines Lebens auszuhalten oder gar zu akzeptieren. Er will es nicht wahrhaben, daß er wirklich so krank ist, wie es in bestimmten Situationen sichtbar wird. Im Traum aber wird die Schwere und der Umfang seiner Krankheit „diagnostiziert".

Ich bin mit meinem Freund unterwegs. Wir kommen in die Nähe des Krankenhauses, in dem ich früher gearbeitet habe. Da bemerke ich, daß aus dem Krankenhaus hohe Flammen schlagen. Das Feuer breitet sich rasend schnell aus. Wir fliehen in ein Haus. Erst spät höre ich die Sirenen der herannahenden Feuerwehr, die damit beginnt, das Krankenhaus zu löschen. Ich denken: „Da müssen sich Dramen abgespielt haben." Ich bete und bitte Gott um Hilfe. Auf der Straße liegen Fischgerippe.

Herr K. kommentiert den Traum spontan: „Das Krankenhaus bin ich!" In der Tat spielt dieses Traumsymbol eine zentrale Rolle für das Verständnis des Traums.

Es ist zunächst der Ort, an dem Herr K. in der Vergangenheit eine zentrale Sinnerfüllung erfahren hat. Für andere da zu sein, sie in ihrer Krankheit zu pflegen, an ihrer Heilung mitzuwirken vermittelte ihm Sinn und Wert für sein eigenes Leben. Er engagierte sich deshalb überdurchschnittlich in seinem Beruf. Diese Sinnmöglichkeit ist ihm nun durch seine eigene Krankheit für immer genommen.

Das Symbol „Krankenhaus" hat zugleich auch noch einen direkten Bezug zum Thema „Heilung". Es ist ein Haus, in dem man berechtigterweise Heilung erwarten kann. Die Hoffnung auf Heilung, die immer wieder enttäuscht worden ist, wird in diesem Bild aufgegriffen.

Aus diesem Krankenhaus schlagen *hohe Flammen*. Es brennt. *Das Feuer breitet sich rasend schnell aus.* Der Ort der Sinnerfüllung und der Heilung wird zum Ort der Bedrohung, vor dem Herr K. fliehen muß. Das geistig Unbewußte entwirft ein umfassendes Bild der Zerstörung.

In der Lebenswirklichkeit von Herrn K. ist eine Seite dieser Wirklichkeit offen-sichtlich: Die Sinnverwirklichung durch den Dienst am kranken Menschen ist für immer genommen. Wie berechtigt die Hoffnung auf Heilung ist, läßt sich nicht so leicht ein-sehen. Hier schärft der Traum den Blick. Er macht unmißverständlich klar, daß es sich im Fall von Herrn K. um eine Situation des Leidens handelt, die als unabänderlich angenommen werden muß.

Auch die naheliegende Erwartung, Gott möge heilen, wird korrigiert. Herr K. vollzieht im Traum genau das, was zu seinem Leben in der Realität als Christ selbstverständlich dazugehört: Er betet. *Ich bete und bitte Gott um Hilfe.* Im Traum läßt sich keine direkte Wirkung erkennen, außer der etwas seltsamen Wahrnehmung: *Auf der Straße liegen Fischgerippe.* Der Fisch ist ein uraltes, christliches Symbol, mit dem der Träumende vertraut ist. Dieses Symbol hat kein Leben. Zunächst empfindet Herr K. dies als einen versteckten Hinweis darauf, daß sein Glaube nicht lebendig genug ist und er vielleicht deshalb Gottes Hilfe nicht erfährt. Im weiteren Verlauf des gemeinsamen Nachdenkens wird aber deutlich, das Skelett des Fisches ist der nicht so leicht zu zerstörende Teil von ihm. Obwohl vieles, was sonst noch zum Fisch gehört, nicht mehr vorhanden ist, läßt er sich als solcher ganz klar identifizieren.

Der Glaube ist durch das schwere Leiden auf seine elementare Basis reduziert worden. Seine „Oberfläche" ist längst abgetragen (Tradition, Prägung, Gewohnheit, Gefühle usw.). Aber deshalb hat er sich nicht in Bedeutungslosigkeit aufgelöst. Er bleibt eindeutig erkennbar und wirksam.

Die Tatsache, daß Herr K. in ein anderes Haus fliehen kann, wird zum Aufruf, den Verlust anzunehmen, der mit dem unabänderlichen Leiden verbundenen ist. Es gilt, mit ihm leben zu lernen, sich in diesem „anderen" Haus einzurichten. So wird das Leben trotz allem „gerettet". Dabei behält der Glaube weiterhin seine unterstützende Funktion.

Die zunächst unangenehme „Diagnose" durch das geistig Unbewußte hat in diesem Fall das Ziel, die Sinnbarriere der Verzweiflung und der Glaubenszweifel zu überwinden. Sie ruft auf, sich in dem „anderen" Haus einzurichten und durch das bewußte Tragen und Gestalten der Leidsituation das Leben zu meistern.

In der Logotherapie wird dieses bewußte, aktive Annehmen von Leiden, das sich nicht ändern läßt, als Leistung des Menschen verstanden, die er durch die Art und Weise seiner Einstellung zu seiner Situation vollbringt. Die Verwirklichung solcher „Einstellungswerte" verleihen dem Leben auch unter schwerem Leid noch einen tiefen Sinn.

Das kranke Fleisch

Im folgenden Traum geht es um einen ähnlichen „Durchblick" in die Tiefe einer Störung.

Frau S. träumt:

Ich bin verletzt. Die Verletzung scheint harmlos zu sein. Ich bin erleichtert. Es handelt sich lediglich um eine leichte Schnittwunde. Auf einmal klappt die Wunde auseinander. Ich erschrecke sehr, denn ich blicke in eine tiefe Wunde und sehe: alles ist krankes Fleisch!

Frau S. setzt sich seit langem mit ihrer psychosomatischen Störung auseinander. Dabei ist sie sehr auf die Beseitigung des nach außen hin sichtbaren Symptoms fixiert. Im Traum wird sie darauf hingewiesen, daß das Symptom im Vergleich zu dem, was in der Tiefe „krank" ist, nur die *„Schnittwunde"* des Problems darstellt. Es ist nicht mehr als die „Schnitt-Stelle" zwischen der bewußten Realität und der tiefen und folgenschweren Verletzung.

Es reicht nicht aus, auf diese Wunde ein Pflaster zu kleben, das Symptom zu beseitigen. Es muß etwas grundlegend heil werden. Der Traum warnt in diesem Fall vor dem oberflächlichen Umgang mit einer umfassenden Lebensproblematik.

Da ist nichts mehr!

Zur „diagnostischen" Funktion des Traumes gehört auch, daß er innere, seelische Prozesse darstellt und die Entwicklung der Person „kommentiert".

Für die seelische Verfassung von Frau T. spielt das Symbol des Tigers im Traum eine zentrale Rolle. Er versinnbildlicht für sie geradezu die Quelle der Angst. Durch bewußte Auseinandersetzung mit elementaren Lebensfragen und mit der Symptomatik selbst gelingt es ihr immer besser, die Angst zu überwinden. Da träumt sie nach längerer Zeit wieder vom Tiger.

Zwei Tigerbabys versuchen, sich an mir festzukrallen. Ich brauche mich nur kräftig zu schütteln, schon fallen sie ab.

Der Traum greift das Zentralbild der Angst auf und bestätigt eindrücklich, daß Frau T. entscheidend an Kompetenz zur Bewältigung ihrer Angst gewonnen hat.

Monate später, ihre Gesamtsituation hat sich erheblich stabilisiert, die Symptomatik ist weitgehend bewältigt, träumt sie noch einmal von einem Tiger.

Ich sehe nur noch einen Torso von einem Tiger. Ich habe eine Stange in der Hand und will mit ihr prüfen, ob noch etwas Leben in ihm ist. In diesem Augenblick höre ich eine Stimme: „Laß es lieber! Da ist nichts mehr!"

Die geistige Person hat die Bewältigung der zentralen Problematik bereits wahrgenommen und vermittelt diese Einsicht im Traum. Frau T. darf sicher sein: *Da ist nichts mehr!*

Diese Traumbotschaft ist in dieser Phase ihrer Entwicklung äußerst hilfreich, ist sie sich doch nicht sicher, ob die positive Veränderung anhält. Sie traut dem Frieden nicht. Ihr scheint die neugewonnene Basis noch nicht stabil genug. Das geistig Unbewußte signalisiert ihr deshalb durch den Traum: Es ist wirklich geschafft. Das Symptom ist besiegt.

Es sind zwar noch Reste erkennbar *(Torso)*, aber diese haben kein *Leben* mehr. Zugleich warnt es Frau T. davor, aus Unsicherheit in diesen Resten „herumzustochern". *Laß es lieber!* Es erkennt die Gefahr einer ängstlichen und übertriebenen Selbstbeobachtung, die dazu führen kann, das Erreichte tatsächlich wieder in Gefahr zu bringen.

Diese Tendenz zur Hyperreflexion, wie diese pathogene Haltung in der Logotherapie bezeichnet wird, gehört zur Persönlichkeitsstruktur von Frau T. und war wesentlich an der Entstehung ihrer Störung beteiligt. Der Traum kommentiert nicht nur den zurückliegenden Prozeß, sondern ruft zu einer grundlegenden Korrektur einer krisenträchtigen Lebenshaltung auf. Gelingt es Frau T., ihre übertriebene, sorgenvolle Selbstbeobachtung aufzugeben, hat sie nicht nur ein Symptom überwunden, sondern eine lebensfördernde Einstellung gewonnen.

7.2 Wesentliche Zusammenhänge

Wer Sinnbarrieren aufheben will, muß zuerst verstehen, wie sie entstanden sind. Dazu ist es in vielen Fällen erforderlich, ihren lebensgeschichtlichen Kontext zu rekonstruieren. Wie ist eine solche Barriere entstanden? Welche Beziehung besteht zur Biographie des von ihr blockierten Individuums? Gibt es Ereignisse, Prägungen, Entscheidungen, die zu einer entsprechenden Entwicklung geführt haben? Nicht immer ist es leicht, auf diese elementaren Fragen eine Antwort zu finden. Manches ist vergessen. Anderes wird mit den aktuellen Schwierigkeiten nicht in Verbindung gebracht. Im Traum jedoch stellt das Unbewußte solche entscheidenden Verbindungen her und unterstützt damit den notwendigen Prozeß des Verstehens.

Das ist das Herz meines Vaters

Herr L. hat Schwierigkeiten, seine Partnerbeziehung positiv zu gestalten. Er fühlt sich von seiner Partnerin zu sehr vereinnahmt. Es gelingt ihm nicht, seine persönlichen Interessen und Vorstellungen angemessen zu vertreten. Das gilt auch außerhalb der Partnerschaft. Ihn plagt anderen Menschen gegenüber ein grundsätzliches Gefühl der Unterlegenheit. Seine Reaktionen ihnen gegenüber sind meistens ängstlich und unsicher. Wird er angegriffen oder zu unrecht kritisiert, schluckt er alle aggressiven Impulse und Gedanken herunter. Gleichzeitig leidet er unter einer permanenten, inneren Spannung, die sich immer wieder auch als körperliche Spannung manifestiert. Ihm fehlt insgesamt der Mut zum Leben. Im Traum wird eine Beziehung zwischen dieser Haltung des Runterschluckens und seiner Lebensgeschichte hergestellt.

Ich empfinde ein ekliges Kloßgefühl im Hals. Ich versuche, durch würgen und ziehen das herauszubringen, was mir im Hals steckt. Es kommen blutige Gewebestücke zum Vorschein. Ich zerre immer mehr hervor. Die Stücke zerbröseln. Ich sage: „Das ist das Herz meines Vaters.“ Mir ist extrem übel. Ich muß sterben.

Herr L. schildert seinen Vater als einen harmoniebedürftigen Mann. Um Streit und Konflikte mit der dominanten Mutter zu vermeiden, hat er alles runtergeschluckt und hingenommen, was sie tat. Herr L. hat sich mit dem Vater identifiziert und dessen Haltung übernommen. Er trägt das *Herz* des Vaters in sich.

Der Traum macht deutlich, daß dieses „Herz“, diese Lebenshaltung des Vaters, zur Lebensführung für Herrn L. nicht taugt. Sein Leben „erstickt“ daran. Er kann seinen eigenen Sinn nicht finden, wenn seine Grundorientierung die der Harmonie und Konfliktvermeidung bleibt. Da der Sinn für jeden Menschen extrem individuell ist, wird es nicht ausbleiben, daß seine Verwirklichung auch einmal auf Ablehnung oder Unverständnis stößt und somit Konflikte auslöst.

Der Traum verknüpft nicht nur die derzeitige Problematik von Herrn L. mit dessen in der Vergangenheit erfolgten Identifikation, er fordert ihn auch dazu auf, die Identifikation mit dem Vater in diesem Punkt aufzulösen. Dabei signalisiert das Unbewußte, daß dieser Prozeß der Auflösung sehr mühsam und schmerzhaft sein wird *(würgen, zerren, zerbröseln)*. Es gelingt auch nur ganz langsam, Stück für Stück. Aber es gibt keinen anderen Weg zur Überwindung dieser Sinnbarriere. Hier muß ein zentraler Bereich seines bisherigen Lebensstils „sterben“.

Sie müssen erst arbeiten!

Herr F. ist in einem streng religiösen Elternhaus aufgewachsen. Seit seiner Kindheit ist er mit den Glaubenswahrheiten und dem Leben in der Gemeinde vertraut. Viele Jahre hat er sich selbst intensiv in der Gemeindearbeit engagiert. Seit einiger Zeit ist ihm diese nicht mehr möglich. Er empfindet einen inneren Widerwillen gegen alle christlichen Aktivitäten und leidet zugleich darunter, weil dieses Gefühl allem widerspricht, was er, entsprechend seiner Glaubensüberzeugung, denken und fühlen sollte.

Zu den Schuldgefühlen, die ihn deshalb belasten, tritt noch ein lähmendes Desinteresse in bezug auf die allgemeinen Aktivitäten des täglichen Lebens hinzu. Es ist ihm alles zuviel. Er weiß nicht mehr, was er will, was er darf und vor allen Dingen, wie er seinen gegenwärtigen Zustand mit dem vereinbaren kann, was er so viele Jahre geglaubt hat. Ein Traum greift diese Frage auf.

Ich komme in ein Schulgebäude. Dort treffe ich Menschen, die sich mit Glaubensfragen beschäftigen. Mir erscheint das alles zu anstrengend. Ich will nach Hause gehen. Eine Frau zeigt mir den Weg. Ich muß durch ein großes Tor. Die Frau sagt plötzlich zu mir: „Sie müssen erst arbeiten, bevor sie Gottes Wort hören können." Ich wehre mich: „Das sehe ich nicht ein!" Sie bleibt hartnäckig: „Doch, das müssen alle hier." Ich bin ganz sauer. Wer im Glauben leben und dazu gehören will, muß immer arbeiten.

Der Traum nimmt die innere Spannung von Herrn F. auf und setzt sie in Verbindung mit einem Verständnis des Glaubens, das stark von Leistung und Forderung geprägt ist. *Sie müssen erst arbeiten, bevor sie Gottes Wort hören können.* Herr F. ist von diesem religiösen Leistungsdenken viele Jahre seines Lebens geprägt worden. Alles ist Leistung und Anstrengung, das Beten, das Lesen in der Bibel, der Besuch des Gottesdienstes und das ehrenamtliche Engagement in der Kirche. Er hat dieses Verständnis so sehr internalisiert, daß er sich selbst unter Druck setzte und sehr oft überfordert hat, um dem vermeintlichen Anspruch Gottes gerecht zu werden. Nun kann er nicht mehr.

Der Traum thematisiert diese belastende Sichtweise vom christlichen Glauben, die ihn geprägt hat, und fordert ihn auf, sich mit dieser Art und Weise, den Glauben zu leben, auseinanderzusetzen.

Im Traum wagt Herr F. bereits einen ersten Ansatz von Widerstand, der allerdings noch nicht begründet ist und in seiner Wirkung offen bleibt. Herr F. erkennt, daß er eine neue Glaubenshaltung finden und leben muß, wenn er wieder Freude am Glauben und am Leben gewinnen will. Dabei wird die Glaubenswirklichkeit, die mit dem Begriff „Gnade" bezeichnet wird, eine entscheidende Rolle spielen. Es gilt für ihn, den Geschenkcharakter des Glaubens im Innersten anzunehmen und dann in seine Lebenswirklichkeit umzusetzen.

Das Haus ist mit einem Fluch gebaut

Frau U. leidet immer wieder unter depressiven Verstimmungen. Sie ist mit ihrer Lebensführung extrem unzufrieden. Bei allem, was sie tut, empfindet sie einen gewissen Druck. Selbst, wenn ihr etwas gelingt, kann sie sich nicht darüber freuen. Positive Signale ihrer Mitmenschen, in Form von Lob und Anerkennung, kann sie nicht annehmen. Sie wertet alles innerlich ab. Es fällt ihr sehr schwer, Entscheidungen zu treffen, da sie sich nie ganz sicher ist, was sie wirklich will. Aus dieser Unsicherheit heraus gelingt es ihr nicht, Freundschaften zu entwickeln und aufrecht zu erhalten. Das Leben erscheint ihr als einziger Kampf, der irgendwie von vornherein schon verloren ist.

Ein Traum stellt einen Zusammenhang zu dieser bedrückenden Lebenshaltung her.

Ich komme in mein Elternhaus. In unserem Hof entdecke ich eine riesige Weltkugel. Mein Vater ist im Gespräch mit einem alten Mann. Ich höre, wie dieser sagt: „Das Haus ist mit einem Fluch gebaut." Mich erfaßt ein starkes Gefühl des Unwohlseins. Ich suche meine Mutter. Ich treffe sie gut gelaunt an. Sie freut sich, daß mein Vater so lange mit dem alten Mann redet. Mein Bruder spielt im Hof. Die ganze Atmosphäre erscheint mir jetzt heiter und spielerisch.

Am Abend frage ich meinen Vater: „Nimmst du ernst, was der alte Mann gesagt hat?" „Ja, er ist ein weiser Mann", antwortet er. „Außerdem ist es ein interessantes Thema."

Frau U. nimmt zu diesem *interessanten Thema* Stellung. Ihr Zuhause hat sie einerseits als heiter und freundlich erlebt *(die ganze Atmosphäre erscheint mir jetzt heiter und spielerisch)*. Die Eltern haben ihr sehr oft großzügige Geschenke gemacht. Andererseits war mit ihrer Fürsorge und den Geschenken eine unausgesprochene Erwartungshaltung verbunden. Frau U. sollte alles gut und richtig finden, was die Eltern sich in bezug auf ihr Leben vorgestellt hatten. Versuche einer eigenständigen Entwicklung wurden auf subtile Art unterbunden. Frau U. erinnert sich: „Mein Unglück bestand darin, daß meine Eltern genau wußten, worin mein Glück zu bestehen hat." Der äußere Himmel entwickelte sich immer mehr zu einer inneren Hölle, aus der sie zu entkommen suchte.

Nach ihrer Volljährigkeit unternahm sie den Versuch, sich innerlich und äußerlich von den Eltern zu lösen und ein eigenständiges Leben aufzubauen. Es gelang ihr nur für einige Monate. Durch geschickte Einflußnahme schafften es die Eltern, Frau U. zu bewegen, wieder ins Elternhaus zurückzuziehen. Danach nahmen ihre depressiven Verstimmungen zu.

Das Unbewußte gibt Frau U. durch den Traum zu verstehen, daß die Schwierigkeiten, die sie mit ihrem Leben hat, unter anderem darin begründet sind, daß es ihr noch nicht gelungen ist, eine angemessene Autonomie zu entwickeln.

Es gilt nun, diesen lebenswichtigen Entwicklungsschritt nachzuholen.

Die *Weltkugel* im Hof erinnert sie daran, daß dazu auch eine echte Weltoffenheit gehört. In der Welt liegen Aufgaben für sie bereit, die nur sie erfüllen kann und soll.

Sie entschließt sich, endlich damit anzufangen, auf ihre eigene, innere Stimme zu hören und ihr zu folgen. Sie will lernen, den Sinnweg ihres Lebens zu finden und ihn zu gehen.

7.3 Die Ermutigung zur existentiellen Entscheidung

Die Überwindung von Sinnbarrieren und das Realisieren eines Sinnaufrufs erfordern sehr oft die Entscheidung, das bisher Gewohnte aufzugeben und neue Verhaltensweisen zu wagen. Dazu sind Mut, Selbstüberwindung und Ausdauer erforderlich, denn der Übergang vom Alten zum Neuen erzeugt Unsicherheit und manchmal auch Angst. Das, was sich als sinnwidrig herausgestellt hat, soll das Leben nicht weiter bestimmen, aber das Neue, das Sinnvolle, ist noch nicht erprobt, hat sich noch nicht bewährt.

Hat sich jemand jahrelang der Meinung und der Forderung seiner Mitmenschen angepaßt und zu allem, was von außen kam, „Ja“ gesagt, dann wird es ihm sehr schwer fallen, sein Verhalten zu ändern, zumal seine Umwelt sich an sein Angepaßtsein gewöhnt hat.

Werde ich von den anderen trotzdem akzeptiert? Ist es

nicht egoistisch, wenn ich auch einmal meine Meinung sage und meine Interessen vertrete? Was mache ich, wenn es meinetwegen Streit gibt? Verliere ich wertvolle Freundschaften, wenn ich nicht mehr alles mitmache? Fragen, die Unsicherheit und Befürchtungen zum Ausdruck bringen, die mit der existentiellen Entscheidung des Individuums zusammenhängen, sich in Zukunft nicht so sehr an den Erwartungen der Umwelt zu orientieren, sondern in erster Linie an dem, was es als persönlichen Sinnaufruf verstanden hat.

Der Verlauf eines umfassenden Veränderungsprozesses (in der Logotherapie „Einstellungsmodulation" genannt) wird häufig durch das geistig Unbewußte unterstützt. Es ermutigt die Person durch den Traum, die notwendigen Entscheidungen zu treffen und diese auch gegen Widerstände und Schwierigkeiten aufrechtzuerhalten.

Sie kommt mit beiden Füßen auf

Frau R. leidet an einer psychosomatischen Störung. Diese hat sich auf dem Hintergrund eines von Ängstlichkeit und Unsicherheit geprägten Lebensgefühls entwickelt. Sie beschreibt dieses Gefühl mit einem Bild: Ich fühle mich an die Menschen meiner Umgebung gebunden. Sie ziehen und zerren mich in verschiedene Richtungen. Lassen sie mich los, falle ich um. Ihr fehlt absolut ein eigener Standpunkt.

Sie fürchtet sich davor, eigene Entscheidungen zu treffen. Der Gedanke, daß der Mensch frei ist zu entscheiden und daß er für seine Entscheidungen Verantwortung übernehmen muß, löst in ihr Angst aus. Sie hat sich bisher in allen Dingen von anderen Menschen sagen lassen, was sie zu tun und zu lassen hat, was gut und richtig für sie ist.

Sie erinnert sich allerdings daran, daß sie in der Vergangenheit einmal versucht hat, ein eigenes, für sie wichtiges Ziel zu erreichen. Während sie in ihrem Denken, Fühlen und Handeln ganz und gar darauf ausgerichtet war, dieses Ziel zu erreichen, trat die psychosomatische Störung nicht auf!

Nun steht sie erneut vor einer eigenen existentiellen Entscheidung. Sie kann und muß die Weichen stellen, wie es beruflich mit ihr weitergehen soll. Verwandte und Freunde reden, wie immer, auf sie ein. Sie weiß nicht, welchem Rat sie folgen soll.

Sie selbst hat sich vorgenommen, zunächst die Chance einer Weiterbildung wahrzunehmen. Angesichts der „Einreden" der Freunde und Verwandten traut sie sich nicht, diese Entscheidung tatsächlich zu treffen. In dieser Unentschlossenheit erinnert sie sich an folgenden Traum.

Ich gehe durch eine weite Landschaft. Auf einem Hügel steht ein Turm. Plötzlich entdecke ich eine Frau, die hoch oben in einem Fenster des Turmes steht. Sie will anscheinend aus dem Fenster springen. Ich habe große Angst. Da springt sie auch schon. Überraschend kommt sie unten mit beiden Füßen auf. Die Frau geht einfach weiter. Ich bin sehr erleichtert.

Ihr Inneres ermutigt Frau R., die längst fällige eigene Entscheidung zu treffen. Nur so kann sie der Gefangenschaft im *Turm* der Unentschiedenheit und Fremdbeeinflussung entgehen. Sie braucht nicht zu fürchten, dabei Schaden zu nehmen. Das Traumgeschehen führt ihr das Gegenteil vor Augen. Die eigene Entscheidung wird ihr helfen, sich endlich auf die eigenen Füße zu stellen *(sie kommt unten überraschend mit beiden Füßen auf).* Frau R. begreift: Erwachsensein heißt, auf eigenen Füßen zu stehen und weiter zu gehen. *Die Frau geht einfach weiter.*

Sinnvolle Entscheidungen zu treffen ist der Weg, aus dem Dilemma der Unentschiedenheit herauszukommen. Nur auf diesem Weg geht es im Leben voran, nur so gelingt die Entfaltung der eigenen Person.

Komm und spring!

Noch direkter fordert der nächste Traum Frau K. auf, eine Entscheidung zu wagen.

Ich folge einem verschlungenen Pfad durch den Wald. Plötzlich taucht vor mir ein kleiner Junge auf. Er gibt mir zu verstehen, daß ich ihm folgen soll. Ich fühle mich von ihm irgendwie angezogen und folge ihm. Wir verlassen bald den Wald und kommen auf freies Feld. Mit einem Mal stelle ich fest, daß wir uns auf dem Plateau eines Berges befinden. Es geht allmählich bergab. Plötzlich bleibt der Junge stehen. Erst jetzt erkenne ich, daß er an einem Abgrund steht. Ich habe Angst. Da dreht er sich zu mir um, lächelt und sagt: „Komm und spring!" Im gleichen Augenblick springt er in den Abrund. Mir bleibt vor Angst fast das Herz stehen. Da sehe ich, wie er unten weitergeht, als sei es das Selbstverständlichste von der Welt.

Frau K. steht vor der Entscheidung, ob sie sich von ihrem Mann endgültig trennen soll oder nicht. Alle Versuche, ihre Ehe zu retten, sind gescheitert. Ihre Fortsetzung wird von beiden Seiten als unerträgliche Last erlebt. Kinder sind von einer möglichen Trennung nicht betroffen. Sie wagt es nicht, das zu verwirklichen, was ihr im Innersten schon lange klar ist, weil sie sich vor den Folgen fürchtet. Sie hat große Angst vor dem Alleinsein. Sie kann es sich nicht vorstellen, allein zu leben. Vom Elternhaus direkt in die Ehe gegangen, hat sie diese Lebensform noch nie kennengelernt. Sie befürchtet, dieser unbekannten Situation nicht gewachsen zu sein. Es ist für sie ein Sprung ins Ungewisse.

Der Traum greift diese Befürchtung von Frau K. auf und antwortet ganz klar darauf. *Da sehe ich, wie er unten weitergeht, als sei es das Selbstverständlichste von der Welt.* Der Sprung ins Ungewisse führt nicht zum Untergang, sondern auf eine neue Lebensebene. Wagt sie den Sprung, werden sich ihr neue Lebensmöglichkeiten eröffnen. Mit der Ermutigung verbindet dieser Traum die direkte Aufforderung zum Handeln: *Komm und spring!* Die Zeit des Zögerns und Abwartens muß ein Ende haben.

Frau K. versteht sowohl die Ermutigung als auch die Aufforderung und gewinnt die Kraft, eine klare Entscheidung zu treffen und deren Folgen auf sich zu nehmen.

Der weitere Verlauf ihres Lebens bestätigt: Die Botschaft des Traumes war ihr Sinnaufruf. Ihr Leben hat eine ganz neue Qualität bekommen.

Sie hat gelernt, allein zu leben und dadurch für sich innere Stärke und Unabhängigkeit gewonnen. Ihre Bereitschaft, eine neue Beziehung einzugehen, hat ihren Grund nicht mehr in der Angst vor dem Alleinsein, sondern in ihrer freien Entscheidung, in Liebe für einen anderen Menschen da zu sein. Darüber hinaus gelingt es ihr in den unterschiedlichsten Situationen ihres Lebens immer besser, nach dem Sinnaufruf zu fragen und dem zu folgen, was ihr dann deutlich wird.

Ich habe die Steuerung übernommen

Herr J. steht vor der Entscheidung, sich beruflich zu verändern. Seine bisherige Tätigkeit füllt ihn nicht aus. Sie erzeugt immer häufiger psychosomatische Störungen, die ihn arbeitsunfähig machen. Hinzu kommt, daß auch seine Ehe in eine ernste Krise geraten ist. Er weiß nicht, wie es weiter gehen soll. Klar ist ihm, daß er unbedingt Entscheidungen treffen muß, die ihn aus dieser umfassenden Lebenskrise herausführen.

Bisher ist sein Leben weitgehend durch die Entscheidungen anderer bestimmt worden. Herr J. ist sich nicht sicher, ob er überhaupt in der Lage ist, sein Leben selbst in die Hand zu nehmen. Zu lange ist es von Menschen in seinem Umfeld bestimmt worden (Eltern, Freunden, Frau). Sein Leben lang wollte er es allen recht machen.

Die Lebenskrise hat die Frage nach dem Sinn des Lebens für ihn aufgeworfen. Noch hat er keine Antwort für sich gefunden. Er ahnt lediglich, daß er seinen Sinnweg nur finden kann, wenn er den Mut gewinnt, auf seine innere Stimme zu achten und ihr zu folgen. Der Traum ruft ihn dazu auf.

Ich gleite in einem großen Boot über einen breiten Fluß. Dabei durchquere ich eine wunderschöne Landschaft. Alles ist friedlich und still. Ich genieße den Anblick. Ich lasse das Boot nicht treiben, sondern habe die Ruder fest in der Hand. Ich habe die Steuerung übernommen. Glücklich und zufrieden gleite ich über das Wasser.

Im Symbol des Bootes auf dem Fluß nimmt das Unbewußte das Thema der Lebensfahrt auf. Die *wunderschöne Landschaft* vermittelt ein Gefühl von Weite, Schönheit und Fülle. Dieses Bild symbolisiert die Perspektive einer sinnerfüllten Lebensweise. Im Gegensatz zur Gegenwart, die von inneren und äußeren Spannungen gekennzeichnet ist, von Streit und Auseinandersetzungen, strahlt das Traumbild Ruhe und Frieden aus *(alles ist friedlich und still).*

Der Aufruf zur existentiellen Entscheidung liegt in der Feststellung: *Ich lasse das Boot nicht treiben, sondern habe die Ruder fest in der Hand. Ich habe die Steuerung übernommen.*

Zu dem Ziel eines erfüllten Lebens kommt Herr J. nur, wenn er das Ruder seines Lebensbootes fest in die Hand nimmt. Nicht treiben lassen, sondern selber steuern, heißt der Aufruf des geistig Unbewußten an ihn. Dieser Aufruf entspricht einem logotherapeutischen Grundsatz der sinnvollen Lebensführung. Es gilt , sich nicht treiben zu lassen, sondern sinnorientiert zu entscheiden. Viktor E. Frankl formuliert diesen Grundsatz einmal so: „Eigentliches Menschsein fängt also überhaupt erst dort an, wo kein Getrieben-sein mehr vorliegt; ... Eigentliches Menschsein ist also erst dort gegeben, wo nicht ein Es den Menschen treibt, sondern wo ein Ich sich entscheidet.“*

Wirf die Ratten in den Fluß!

Herr P. kämpft seit Jahren gegen Angstattacken, die ihm das Leben schwer machen und seinen Spielraum zur Entfaltung des Lebens einschränken. Mit eiserner Disziplin gelingt es ihm, die Aufgaben zu erfüllen, die beruflich und privat täglich auf ihn zukommen.

Er arbeitet intensiv daran, seine Lebensqualität dadurch entscheidend zu verbessern, daß er den Einfluß der Angst in seinem Leben weitgehend zurückdrängt.

In der damit verbundenen Auseinandersetzung mit den Ursachen der Angst wird klar, wie sehr diese eine Verbindung zu seiner Biographie haben.

Schon als Kind ist Herr P. ein ängstlicher Mensch gewesen. Sein Lebensgefühl, das aus der Zeit der Kindheit stammt, faßt er so zusammen: „Ich kann gar nicht wirklich leben. Ich war noch nie bei mir selbst.“ Hinzu kommt der Eindruck, eigentlich kein Recht zu haben, auf der Welt zu sein. „Ich schäme mich meines Daseins.“

Seit Jahrzehnten schleppt Herr P. diese Gefühle und die negativen Urteile über sein Leben mit sich herum. Sie beeinflussen seine Selbstwahrnehmung und seine Selbsteinschätzung. Ein erdrückendes Minderwertigkeitsgefühl wird durch seine ängstliche Grundstimmung zusätzlich verstärkt. Vergangenes Erleben und Gefühle der Vergangenheit fesseln sein Leben in der Gegenwart. Seine Existenz scheint dem Vergangenen verhaftet zu sein.

---

* Viktor. E. Frankl, Der unbewußte Gott, 1985, S. 18

Da ruft ein Traum zu einer befreienden Entscheidung auf. Wir haben diesen Traum bereits im Kapitel „Einzelheiten, die auffallen" kennengelernt.

Ich besuche mein Vaterhaus. Auf dem Weg zu meinem Vater halte ich einen Käfig voller grauer Ratten in meinen Händen. Es sind genau 30 Ratten. Als ich die Brücke eines Flusses überquere höre ich: „Wirf die Ratten in den Fluß!"

Mit den Ratten verbindet Herr P. das Phänomen der Angst. Als Kind ekelte er sich vor Ratten. Nach einem traumatischen Erlebnis mit einer Ratte entwickelte sich eine starke Angst vor diesen Tieren, die bis in die Gegenwart hinein erhalten geblieben ist. Mir fällt auf, daß Herr P. im Traum genau wußte, daß dreißig Ratten im Käfig waren. Es ist in der bewußten Realität sicher nicht ganz einfach, dreißig Ratten, die in einem Käfig hin und her laufen, so genau zu zählen. Im Traum war dies möglich, und Herr P. kann sich im Wachzustand noch genau an diese Zahl erinnern. Gefragt, ob er etwas mit dieser Zahl verbinden kann, antwortet er: „Es ist genau die Anzahl der Jahre meines Lebens abzüglich der elf glücklichen Jahre meiner Kindheit."

Die Traumbotschaft an Herrn P. ist eindeutig und klar: Entscheide dich, die belastenden „grauen" Jahre der Vergangenheit endgültig in den Fluß der Zeit zu werfen. Laß sie zurück. Löse dich innerlich von ihnen. Solange du sie in deinen Händen festhältst wie ein Käfig voller Ratten, werden sie weiterhin deine Ängste nähren. Läßt du sie aber los, werden deine Hände frei, Neues zu empfangen und das Leben sinnvoller zu gestalten.

Mit diesem Aufruf aktiviert das geistig Unbewußte eine Möglichkeit des Menschen, die in der Logotherapie als „Trotzmacht des Geistes" bezeichnet wird. Gemeint ist damit die Fähigkeit, zu den schicksalhaften Gegebenheiten des eigenen Lebens, vor allem auch der Vergangenheit, Stellung nehmen zu können. Diese Freiheit zur Einstellung erlaubt es dem Menschen, sich aus der zerstörerischen Umklammerung vergangener und gegenwärtiger Schicksalsfaktoren zu befreien.

Viktor E. Frankl hat diese Wahrheit während seines Aufenthaltes im Konzentrationslager Auschwitz buchstäblich am eigenen Leib erfahren. Er schreibt rückblickend auf dieses unvorstellbar grausame Schicksal, das ihn und viele andere Leidensgenossen getroffen hatte, daß man dem Menschen im Konzentrationslager alles nehmen konnte, nur nicht die letzte menschliche Freiheit, sich zu den gegebenen Verhältnissen so oder so einzustellen.

Diese Freiheit muß allerdings vom Menschen bewußt aktiviert werden durch eine entsprechende existentielle Entscheidung, die er in seinem Innersten zu treffen hat.

Plötzlich sind alle Emotionen rausgekommen

Herr K. lebt seit vielen Jahren unter dem starken Einfluß seines älteren Bruders. In seiner dominanten Art bestimmt er nahezu alle Lebensbereiche von Herrn K. Dieser hat sich so an seinen Bruder gehängt, daß er von dessen Meinung, Zustimmung und Wertschätzung vollkommen abhängig geworden ist. Dadurch hat Herr K. den inneren Bezug zu sich selbst, zu seinen eigenen Gefühlen und Vorstellungen beinahe vollständig verloren. Ihn plagt schon seit langem ein Gefühl von innerer Leere und Sinnlosigkeit. Er sucht einen Weg, zu seiner eigenen, sinnvollen Lebensgestaltung zu finden. Das aber will ihm nicht gelingen. Im Traum ruft das geistig Unbewußte ihn auf, endlich seine Emotionen zuzulassen und ihnen eine eigenständige Bedeutung zukommen zu lassen.

Ich sehe eine Kiste. Sie ist verschlossen. Da öffnet sich auf einmal der Deckel. Plötzlich kommen alle Emotionen raus. Ich weiß, daß ein bestimmter Schlüssel eine große

Rolle dabei spielt. Ich kann diesen Schlüssel nicht näher bestimmen.

Herr K. verbindet mit der Kiste seine „vernagelte" Existenz.. *Sie ist verschlossen.* Um seines Bruders willen hat er alles Eigene weggepackt und tief in sich verschlossen. Im Traum bricht dieses starre Gefängnis der Emotionen auf. *Plötzlich kommen alle Emotionen raus.* Es bereitet ihm keine Angst, sondern wirft lediglich die Frage nach dem Schlüssel zu diesem „Schlüssel-Erlebnis" auf. Auf diese wichtige Frage findet er im Traum keine Antwort.

Im Gespräch über den Trauminhalt fällt Herrn K. ein, daß er oft formuliert hat: „Mein Bruder spielt eine Schlüsselrolle in meinem Leben." Indem das geistig Unbewußte diesen Begriff im Symbol des Schlüssels aufgreift, signalisiert es ihm, daß er zu seinem eigenen Leben in Freiheit und Selbstverantwortung nur kommen kann, wenn er sich mit der „Schlüsselrolle" seines Bruders auseinandersetzt.

Herr K. muß den Schlüssel zu seinem Leben selbst in die Hand nehmen und sich ein Leben „erschließen", in dem sich seine Person frei und verantwortlich entfalten kann.

7.4 Das Vertrauen wird gestärkt

Krisensituationen, ungelöste Konflikte oder auch folgenschwere Entscheidungen lösen im Individuum sehr oft Ängste aus. Dadurch werden sinnvolle Lösungen oder notwendige Schritte zur Veränderung verzögert oder ganz blockiert. Es fehlt das Vertrauen in die Kraft der eigenen Person, das Sinnvolle zu verwirklichen und den Weg zu gehen, der deutlich geworden ist. Die Angst zu versagen, sich zu irren, nicht durchzuhalten oder den Schwierigkeiten nicht gewachsen zu sein, behält die Oberhand.

Im Traum sendet das geistig Unbewußte Signale, die der Stärkung des Vertrauens dienen sollen. Oft greift es dabei die Ängste auf, die im Bewußtsein vorhandenen sind und weist in eindrucksvollen Bildern darauf hin, daß es keinen Grund zur Befürchtung gibt.

Nach meiner Beobachtung gehört die Förderung des Vertrauens zu den häufigsten Funktionen der Traumbotschaften. Da diese Unterstützung aus dem Inneren der in Angst geratenen Person selber kommt, hat sie eine weitaus stärkere Wirkung, als der Zuspruch eines anderen etwa in Form von: „Es wird schon wieder!"; „Alles halb so schlimm", oder „Du brauchst doch keine Angst zu haben."

Das Unbewußte dagegen ermutigt das Individuum in der Symbolsprache des Traumes: „Du hast die Möglichkeit, den sinnvollen Weg zu gehen. Laßt dich von deiner Angst nicht abhalten, das Notwendige zu tun!"

Es passierte nichts

Herr L. hat damit begonnen, sich aus der Abhängigkeit von seinen Eltern zu lösen, die sein Leben bis in die Gegenwart hinein zu bestimmen versuchen. Da er im elterlichen Betrieb arbeitet, erstreckt sich ihr Einfluß besonders intensiv auch auf den beruflichen Bereich.

Herr L. beginnt in diesem Bereich, seine eigenen beruflichen Vorstellungen zu entwickeln und sich so von den Vorstellungen und Erwartungen der Eltern abzugrenzen. Seinc ersten, zaghaften Versuche in dieser Hinsicht sind von Gefühlen der Unsicherheit begleitet. Er fürchtet, daß er die Zuneigung und Anerkennung der Eltern verliert und damit unter Umständen seine berufliche Existenz aufs Spiel setzt. Gleichzeitig weiß er genau, daß er diesen Weg gehen muß, um ein Leben zu führen, das er eigenverantwortlich gestaltet, in dem er die Freiheit hat, nach dem zu fragen, was für ihn sinnvoll ist.

Im Traum wird dieser innerseelische Konflikt illustriert und die mit ihm verbundene Befürchtung zerstreut.

Ich muß von Zuhause fliehen. Meine persönlichen Sachen habe ich in einen Karren geladen. Es ist Sommer. Die Bäume in unserem Garten tragen reiche Früchte. Es macht mir nichts aus, alles zu verlassen. Ich blicke zurück, weil ich davon ausgehe, daß gleich eine schreckliche Katastrophe eintreten wird. Es passiert nichts.

Der Traum unterstreicht die Aufgabe der Ablösung aus der elterlichen Bevormundung mit dem „*Ich muß ...*". Es handelt sich um einen klaren Sinnaufruf, der durch entschiedenes Handeln beantwortet werden muß, damit sich die Person in angemessener Weise weiter entwickeln kann.

Dabei werden die Konsequenzen nicht verharmlost. Das Bild des heimischen Gartens *(die Bäume in unserem Garten tragen reiche Früchte)* hat fast paradiesische Züge. Zuhause ist die Versorgung mit Lebens-mitteln ausreichend gesichert. Will Herr L. seinen Sinnweg gehen, muß er auf diese Sicherheit verzichten. Er muß das „Paradies" verlassen und sich auf den Weg machen ins unbekannte Land der Freiheit und Verantwortung. Das geistig Unbewußte, seine innerste Person, hat diese Entscheidung bereits eindeutig getroffen und kann auch mit den Konsequenzen leben. *Es macht mir nichts aus, alles zu verlassen.*

Mit einem Mal taucht die Befürchtung auf, es könne sich doch noch eine Katastrophe einstellen. Der ängstliche Blick zurück bremst das Weitergehen. Genau darin liegt die Gefahr, die das Unbewußte wahrnimmt und die es zu überwinden gilt. Es folgt die überraschende Feststellung: *Es passiert nichts.*

Das Traumgeschehen weist auf die Lösung des inneren Konflikts hin. Es wird nicht leicht sein, den Weg zu gehen (Verlassen des elterlichen „Paradieses") aber die befürchtete Katastrophe wird nicht eintreten. Der eingeschlagene Weg führt nicht in den Untergang, sondern wird sich als Weg zu einem Leben in Freiheit und Verantwortung erweisen.

Wir haben die Feuerwehr umsonst gerufen

Frau N. ist eine ängstliche Person. Sie wittert überall Gefahren und versucht ständig, ihnen möglichst aus dem Weg zu gehen. Nicht von freier Selbstgestaltung ist ihr Leben geprägt, sondern von einer ängstlichen Vermeidungsstrategie.

Da sich nicht alle Angst auslösenden Situationen vermeiden lassen, lebt sie überwiegend in Angst und Sorge. Davon wird nicht nur ihr eigenes Lebens, sondern auch das Leben ihres Partners schwer belastet. Die Partnerschaft droht an dieser Fehlhaltung zu zerbrechen. Der folgende Traum gibt ihr einen Hinweis, daß das Leben nicht so gefährdet ist, wie sie es normalerweise empfindet, und daß es in der Regel möglich ist, reale Gefahren abzuwenden.

Ich will ein elektrisches Gerät in meinem Zimmer einschalten. Plötzlich bemerke ich, daß dadurch eine Sicherung im Sicherungskasten anfängt zu qualmen. Der Kasten fängt richtig Feuer. Ich laufe zu meinem Elternhaus nebenan und dort in den Keller, um den Feuerlöscher zu holen.

Ich wühle mich durch Kartons und Gerümpel, bis ich endlich den Feuerlöscher finde. Nun sind auch meine Eltern aufmerksam geworden, und ich rufe ihnen zu, was passiert ist. Wir laufen auf die Straße und sehen, daß die Flammen schon aus dem Fenster schlagen. Mein Vater sagt, es habe mit dem Feuerlöscher keinen Zweck. Ich bitte ihn, die Feuerwehr zu rufen. Wir laufen in das Haus und kommen in den unteren Flur. Da begegnen uns zwei Männer, die uns mitteilen, sie hätten das Feuer bereits gelöscht. Ich denke: „Jetzt haben wir die Feuerwehr umsonst gerufen."

Frau N. erlebt im Traum eine für sie typische Situation. Eine an sich harmlose Angelegenheit *(ich will ein elektrisches Gerät in meinem Zimmer einschalten)* entwickelt sich zu einer lebensgefährlichen Bedrohung *(der Kasten fängt richtig Feuer)*. Sie sucht Hilfe bei den Eltern. Was sie von den Eltern holen kann, reicht zur Bewältigung nicht aus. *Vater sagt, es habe mit dem Feuerlöscher keinen Zweck.* Nun erwartet sie Hilfe von den „Fachleuten", die Feuerwehr muß her. Es fällt auf, daß sie diese Hilfe nicht selber ruft, sondern ihren Vater darum bittet.

Der Traum beschreibt ihr Grundgefühl, nicht in der Lage zu sein, sich vor Bedrohungen zu schützen oder sie zu überstehen. Sie ist im Kampf mit den Bedrohungen des Lebens ständig auf fremde Hilfe angewiesen.

Die überraschende Wende im Traumgeschehen weist auf eine Wahrheit hin, die sie aus dieser lebensfeindlichen Haltung befreien kann: Im Leben gibt es nicht nur die Kräfte der Bedrohung, sondern auch das Phänomen der Bewahrung.

Die Gefahr wird im Traum ohne ihr Zutun beseitigt. *Da begegnen uns zwei Männer, die uns mitteilen, sie hätten das Feuer bereits gelöscht.* Sie kann nur noch feststellen, daß ihre Aktivitäten überflüssig geworden sind. *Jetzt haben wir die Feuerwehr umsonst gerufen.*

Angesichts der Überängstlichkeit ruft der Traum Frau N. auf, ihre innere Fixierung auf die Gefahrenseite des Lebens zu korrigieren. Solange Angst und Sorgen ihr Tun und Lassen bestimmen, wird sie nicht frei werden, sich den Anforderungen des Lebens zu stellen. Sie bleibt gefangen in dem Spinnennetz ängstlicher Gedanken, die ihr wertvolle Lebensenergien rauben und eine sinnvolle Entfaltung des Lebens unmöglich machen.

Diese Sinnbarriere kann nur überwunden werden, in dem sie beginnt, die andere Seite der Lebenswirklichkeit wahr- und ernstzunehmen: Das Leben ist nicht nur permanent bedroht. Es wird auch ebenso immer wieder – ohne unser Zutun – bewahrt. Das Vertrauen in diese bewahrende Kraft befreit zu einer Offenheit dem Leben gegenüber, die eine persönliche Sinnorientierung ermöglicht. In dem Umfang, in dem es ihr gelingt, ihre Selbstsicherungstendenz abzubauen, wird es ihr gelingen, eine auf den Sinn zentrierte Lebenshaltung aufzubauen.

Ich helfe ihnen, das andere Ufer zu erreichen

Nach seiner Scheidung versucht Herr G., sein Leben neu zu ordnen und auf bisher vernachlässigte Sinninhalte auszurichten. Dabei fällt es ihm nicht leicht, mit den erlebten Verletzungen und Enttäuschungen fertig zu werden. Er sehnt sich nach einem inneren, geistigen Halt und nach Beziehungen zu Menschen, mit denen er auch über geistige und religiöse Fragen reden kann.

Bei seinem Versuch, sich ein neues Leben aufzubauen, wird ihm immer klarer, wie schwierig das ist. Zwischendurch verläßt ihn der Mut, es wirklich zu schaffen. Das Unverständnis der Menschen in seinem Umfeld, konkrete Probleme in bezug auf die Kinder und die Schwierigkeiten beim Aufbau einer neuen Beziehung bringen ihn an den Rand seiner seelischen und körperlichen Kräfte. In Zeiten schwerer Erschöpfung erfaßt ihn die Resignation. Immer wieder stellt er sich die Frage: „Werdc ich das Ziel erreichen, das mir klar vor Augen steht?"

Ein Traum macht ihm Mut, nicht aufzugeben.

Ich will zu meiner Bank, um Geld abzuholen. Dazu muß ich einen weiten Weg zurücklegen. Plötzlich komme ich an einen Fluß. Ich will mit meinem Wagen durch den Fluß ans andere Ufer fahren. Er scheint mir nicht allzu tief zu sein. Als ich losfahren will, wird er auf einmal breiter und offensichtlich tiefer. Ich erkenne die Gefahr und weiß, daß ich es nicht schaffen kann, den Fluß zu überqueren. Mein Ziel scheint unerreichbar. Da kommt eine Fähre auf mich zu und legt an. Der Fährmann bietet mir seine Hilfe an: „Ich helfe ihnen, das andere Ufer zu erreichen.“ Ich steige erleichtert ein und fühle mich ganz geborgen.

Herr G. erkennt für sich in der Bank ein Symbol für Lebensfülle und Lebenssicherheit. Beides hat er in der Vergangenheit verloren. Er sucht schon seit einiger Zeit einen neuen Weg, das Verlorengegangene auf andere Weise und auf einer anderen Ebene wiederzufinden. Der Traum gibt seine reale Erfahrung wieder. *Dazu muß ich einen weiten Weg zurücklegen.* Auch im Traum wird ihm bestätigt, daß es keinen kurzen und leichten Weg zum Ziel gibt.

Die Situation der Entmutigung stellt sich im Bild des Flusses dar, der nicht überquert werden kann. *Ich erkenne die Gefahr und weiß, daß ich es nicht schaffen kann, den Fluß zu überqueren.* Herr G. erlebt im Traum, was ihm in seiner bewußten Lebenswirklichkeit zu schaffen macht. *Mein Ziel scheint unerreichbar.* Das geistig Unbewußte sieht aber mehr, als nur die scheinbar unüberwindlichen Schwierigkeiten. Es weiß, daß es Hilfen gibt, auf die der einzelne von sich aus nicht kommt.

Der Fährmann bietet mir seine Hilfe an: „Ich helfe ihnen, das andere Ufer zu erreichen.“ Das Schicksal hält nicht nur Probleme und Hindernisse bereit, sondern auch überraschenden Beistand zu deren Überwindung.

Herr G. versteht diesen Traum als Aufruf, noch bewußter als bisher Gott zu vertrauen, der den Weg zum Ziel kennt und weiß, wie auftretende Schwierigkeiten zu bewältigen sind. Die Gestalt des Fährmanns erkennt Herr G. als Symbol für jede „Gestalt“, die die Hilfe in seinem Leben annehmen kann. Er versteht den Aufruf, im Vertrauen auf diesen Beistand, seinen Weg gelassener zu gehen. Aus diesem Vertrauen kann ein Gefühl der inneren Geborgenheit wachsen, trotz aller äußeren Belastungen.

Plötzlich steht sie auf dem Bahnsteig

Herr F. lebt als Außenseiter. Er ist nie verheiratet gewesen und hat weder eine feste Partnerschaft noch eine echte Freundschaft. Das Alleinsein macht ihm sehr zu schaffen. Andererseits bereiten ihm Beziehungen zu anderen Menschen Angst und versetzen ihn in innere Spannung. Er fühlt sich meistens unverstanden und ausgegrenzt. Eigene Gefühle und persönliche Gedanken kann er kaum einem Außenstehenden gegenüber vermitteln. Er sucht Hilfe, um diesen Zustand zu überwinden. Zugleich fürchtet er sich davor, die gewohnte Haltung aufzugeben, die er so lange Jahre gelebt und gepflegt hat. Im Traum nimmt sein geistig Unbewußtes Stellung zu diesem Dilemma.

Ich fahre in einem Zug. Durch das Zugfenster nehme ich eine unwirtliche Landschaft wahr. Auf einmal entdecke ich eine mir bekannte Person an der Außenseite des Zuges. Sie hält sich krampfhaft von außen fest. Ich bekomme große Angst, sie könne abstürzen. Plötzlich steht sie auf dem Bahnsteig. Ihr ist nichts passiert.

Der Traum weist auf die Gefahr der Außenseiterrolle von Herrn F. hin. Er kann *abstürzen.* Sein Leben droht insgesamt zu mißlingen. Das Loslassen erscheint im Traum aber nicht minder gefährlich. Deshalb hält sich die Person *krampfhaft von außen fest.*

Genauso ergeht es Herrn F. Er hat erkannt, wie lebensfeindlich seine Isolation geworden ist, und doch fürchtet er sich, diese aufzugeben. Er hat vor allem Angst, innerlich verletzt zu werden und weiß nicht, wie er mit solchen Verletzungen so umgehen kann, daß sie ihn seelisch nicht „umbringen".

Das Traumgeschehen enthält einen mutmachenden Hinweis. Es ist möglich, das Außensein loszulassen, ohne ernsthaften Schaden zu nehmen. Sein Unbewußtes ermutigt ihn, im Vertrauen den „Absprung" vom Gewohnten zu wagen.

Ich genehmige mir einen zweiten Schluck

Frau T. befindet sich in einer existentiellen Krise. Sie hat ihre Arbeitsstelle aufgegeben, weil sie sich nicht länger mit ihrer Tätigkeit innerlich identifizieren kann. In der Zeit der Arbeitslosigkeit beginnt eine Phase der grundsätzlichen Überprüfung ihrer Lebenssituation. Alles, was bisher fest und sicher war, wird in Frage gestellt und auf seinen Sinn für die weitere Lebensführung überprüft. Das gilt für die bestehende Ehe, für die bisherigen beruflichen Inhalte, für freundschaftliche Kontakte und für die religiöse Überzeugung, die sehr viele Jahre einen prägenden Einfluß auf die gesamte Lebensführung hatte.

Die Krisensituation ist begleitet von Gefühlen der Unsicherheit, von Zukunftsängsten, von körperlichen Beschwerden wie Kopfschmerzen und Übelkeit und nicht zuletzt von depressiv gefärbten seelischen Verstimmungen. Angesichts dieser „Nebenwirkungen" der Krise bei dem Versuch einer radikalen Neuorientierung, kommen Frau T. Bedenken. Kann sie es riskieren, sich mit den aufgebrochenen, existentiellen Fragen weiter auseinanderzusetzen?

Sie befürchtet, in all den kritischen Gedanken und neuen Gefühlen „unterzugehen" und keinen sinnvollen Lösungsweg zu finden. Ihr Unbewußtes ermutigt sie durch ein eindrucksvolles Traumerleben, den Sinnfindungsprozeß nicht abzubrechen.

Zusammen mit meinem Mann befinde ich mich in einem Boot mitten auf dem Meer. Ich steige aus und werde augenblicklich an einem Seil emporgeschleudert (wie auf einer Kirmes!). Es kribbelt mir im Magen, und ich habe ein wenig Angst. Gleichzeitig mache ich mir klar: „Du hast ja das Seil. Es ist nicht endlos!" Schon stürze ich in die Tiefe des Meeres. (Ich habe Angst vor tiefem Wasser.) Es geht tiefer und immer tiefer. Auch hier weiß ich, der Sturz in die Tiefe ist nicht unbegrenzt. Beim Auftauchen entdecke ich eine große Fischsilhouette. Ich habe Angst vor ihr und bin zugleich von ihr fasziniert, will wissen, was das ist. Beim Auftauchen habe ich Wasser geschluckt. Plötzlich erfaßt mich eine heitere entspannte Stimmung. Ich genehmige mir einen zweiten Schluck. Es ist nämlich Süßwasser! Mir geht es gut. Ich fühle mich wohl.

Frau T. erkennt in dem Auf und Ab des Traumerlebens *(empor geschleudert, stürze ich in die Tiefe)* zunächst ihre gegenwärtige Situation. Seit ihrer Entscheidung, sich beruflich zu verändern, durchlebt sie starke emotionale Schwankungen. Fühlt sie sich von Anforderungen befreit, geht es ihr innerlich gut, empfindet sie ein Hochgefühl der Freiheit trotz der bestehenden Unsicherheit. Kommen Herausforderungen auf sie zu, reagiert sie mit Angst.

Deshalb ist ihr der eindeutige Hinweis im Traum wichtig, daß sie mitten in diesem Prozeß gehalten ist. *Du hast ja das Seil.* Dieses Seil hat eine bestimmte Länge. Die Gefährdung in die eine wie die andere Richtung ist definitiv begrenzt. *Es ist nicht endlos! Der Sturz in die Tiefe ist nicht unbegrenzt.* Damit antwortet das Unbewußte klar auf die Angst von Frau T., den Fragen, Zweifeln und Emotionen angesichts ihrer Neuorientierung nicht gewachsen zu sein, in ihnen „unterzugehen".

Sie wird eingeladen, auf ihre innere Bindung zu vertrauen, die ihr Halt geben und den Prozeß der Veränderung überstehen wird. Diese Bindung hat die Kraft, sie davor zu bewahren, in der Krise unterzugehen.

Die *große Fischsilouette* (Fisch als frühchristliches Symbol) erinnert sie daran, daß dieser Halt für sie in ihrem christlichen Glauben liegt, trotz aller Zweifel und momentanen Unsicherheit. *(Ich habe Angst vor ihr und bin zugleich von ihr fasziniert.)*

Es ist wohl erforderlich, in die beängstigende *Tiefe* der Person einzutauchen, aber nur mit dem Ziel, daraus wieder aufzutauchen und dabei neue Lebensmöglichkeiten zu entdecken. So versteht Frau T., die merkwürdige Wende am Schluß des Traumgeschehens. *Beim Auftauchen habe ich Wasser geschluckt. Plötzlich erfaßt mich eine heitere entspannte Stimmung. Ich genehmige mir einen zweiten Schluck. Es ist nämlich Süßwasser! Mir geht es gut. Ich fühle mich wohl.* Das Meer als Ort des möglichen Untergangs verwandelt sich zur reinsten Lebensquelle. Es hat sich in Süßwasser, in Lebenswasser, verwandelt. Es kann regelrecht genossen werden.

Die Traumbotschaft bezieht sich damit nicht nur auf die gegenwärtige Angst von Frau T., die existentielle Krise nicht zu überstehen, sie entwirft ein faszinierendes Bild vom Ziel des gegenwärtigen Veränderungsprozesses. Gelingt es, die Sinnorientierung zu finden, wird neue Lebensenergie freigesetzt, die Frau T. in die Lage versetzen wird, ihr Leben intensiv zu leben und bewußt zu genießen. *Ich genehmige mir einen zweiten Schluck.*

7.5 Die Unterstützung bei der Überwindung von Angst

In den bereits vorgestellten, unterschiedlichsten Lebenssituationen spielte die Angst in ihrer Ausprägung als Ängstlichkeit, Befürchtung, Hemmung oder als allgemeine Lebensangst bereits eine zentrale Rolle. Sie erweist sich in den unterschiedlichsten Zusammenhängen als die elementare Sinnbarriere. Angst verstellt den Blick für das Sinnvolle und lähmt angesichts der Notwendigkeit, entschlossen zu handeln, Entscheidungen zu treffen, sich den Anforderungen des Lebens zu stellen.

Als Grundphänomen menschlicher Existenz kann sie eine Eigendynamik entwickeln, die den Menschen unfähig macht, seinen Sinn zu finden und ihn zu erfüllen. Ein psychischer Mechanismus, der diese Eigendynamik fördert, besteht in der Angst vor der Angst.

Viktor E. Frankl hat die Wirkung dieses Mechanismus als angstneurotischen Zirkel beschrieben. Das folgende Beispiel soll den Ablauf dieses Zirkels veranschaulichen. Es entstammt dem Buch von Frau Dr. Elisabeth Lukas, einer bedeutenden Schülerin Frankls und Leiterin des Süddeutschen Instituts für Logotherapie.

„Jemandem wird zufällig einmal während einer U-Bahn-Fahrt übel, vielleicht wegen Sauerstoffmangel im vollbesetzten Abteil. Die nächste U-Bahn-Fahrt tritt dieser Fahrgast bereits mit großem Unbehagen an, denn er denkt die ganze Zeit daran, wie peinlich und unangenehm es wäre, wenn ihm wieder übel würde, er um einen Sitzplatz bitten müßte u. dgl. Er verspannt und verkrampft sich bei seinen Gedanken und fühlt sich ausgesprochen schlecht, der Schweiß bricht ihm aus, das Herz klopft ihm bis zum Hals, und es bleibt ihm nichts anderes übrig, als an der nächsten Haltestelle den Waggon fluchtartig zu verlassen. Damit ist das phobische Muster schon vorgezeichnet: derjenige verträgt es einfach nicht mehr, U-Bahn zu fahren. Möglicherweise kann er bald darauf auch nicht mehr Bus fahren, weil sich dort dieselben Erwartungsängste breit machen, oder überhaupt nicht mehr Autofahren usw., die Angst vor der Übelkeit generalisiert und schränkt seine Bewegungsfreiheit immer mehr ein."*

---

* Elisabeth Lukas, Trotzmacht des Geistes, 1993, S. 99

Der angstneurotische Zirkel hat aus einem zunächst harmlosen Geschehen eine manifeste Angst werden lassen. Entscheidend dafür sind die Angsterwartung (mir wird wieder übel) und die dadurch verstärkte Selbstbeobachtung (spüre ich schon etwas?), verbunden mit der Vermeidungsstrategie (ich fahre keine U-Bahn mehr).

In der Logotherapie wird der einzelne angeleitet, diesen angstneurotischen Zirkel zu durchbrechen.

Die Angst vor der Angst wird aufgehoben durch die Technik der paradoxen Intention. In ihr geht es darum, daß jemand in einer humorvoll übersteigerten Form gerade das herbei wünscht, was er so sehr fürchtet. Auf diese Weise wird die Angst ironisiert und der angstneurotische Zirkel durchbrochen. Frau Dr. Lukas illustriert diese Technik an dem Fall der U-Bahn-Phobie wie folgt:

„Denken wir nochmals an den Patienten mit der U-Bahn-Phobie: Schon auf dem Weg zur U-Bahn hat er Angst vor der Übelkeit, und diese tritt prompt ein. Jetzt drehen wir den Spieß um: er möchte gar nicht problemlos U-Bahn fahren, nein, er sagt sich innerlich vor: ‚So eine kleine Übelkeit wäre gar nicht schlecht, am besten, ich falle gleich in Ohnmacht, sobald ich den Waggon betrete, dann ist mir wenigstens ein Sitzplatz sicher, und den unterbrochenen Morgenschlaf kann ich auch noch nachholen, ich bin sowieso viel zu früh aufgestanden.'

Was wird geschehen? Wenn der Patient tatsächlich die Kraft zu diesem paradoxen Wunsch aufbringt, und sei es auch nur für kurze Zeit, dann geschieht garantiert nichts, absolut nichts, nicht einmal ein Hauch von Übelkeit bringt er zustande: Wenn man nämlich *will,* daß einem schlecht wird, dann ist das gar nicht so leicht zu bewerkstelligen, beim besten Willen nicht."*

Die angstfördernde übersteigerte Selbstbeobachtung

* Elisabeth Lukas, Trotzmacht des Geistes 1993, S. 105

kann auch mittels der Dereflektion abgebaut werden. Es geht dabei um einen Wechsel der inneren Konzentration – weg von dem Symptom – hin auf ein wichtiges, sinnvolles Ziel. Dabei kann es gelingen, die Angst um dieses Zieles willen zu ignorieren. Die Wirkung dieser Technik läßt sich am relativ einfachen Beispiel einer Schlafstörung illustrieren. Wer aus irgendeinem Grund Angst hat, nicht einschlafen zu können und sich deshalb innerlich darauf konzentriert, unbedingt einschlafen zu wollen, dem wird der Schlaf sehr schnell vergehen. Gelingt es demjenigen aber, die Fixierung auf das Schlafen-Wollen aufzugeben und sich einem anderen, für ihn sinnvollen Inhalt zuzuwenden (Buch lesen, Musik hören, wertvolle Erinnerungen bewegen usw.), verliert die Angst vor dem Nicht-Einschlafen-Können an Einfluß, und der Schlaf wird sich sehr bald einstellen.

Für eine wirkungsvolle Anwendung beider Techniken ist es unbedingt erforderlich, sich der angstauslösenden Situation zu stellen. Wer versucht, vor der Angst zu fliehen, wird erfahren, sie ist „schneller“. Sie holt ihn immer wieder ein und breitet sich oft auf weitere Lebensbereich, aus.

Die folgenden Traumbeispiele zeigen, wie das geistig Unbewußte den einzelnen angesichts seiner Angst ermutigt, sich ihr zu stellen und so diese massive Sinnbarriere zu überwinden.

Die Schlange ist nur aus Pappmaché

Herr W. wird mit dem Tod seiner Frau nicht fertig. Ihr Verlust, der bereits einige Jahre zurückliegt, hat ihn nahezu lebensunfähig gemacht. Es ist nicht mehr die Trauer mit ihren unterschiedlichen Phasen, die ihm zu schaffen macht, sondern die Angst vor dem Alleinsein, die sich in der zurückliegenden Zeit mehr und mehr gesteigert hat. Seine Frau war sein Lebensinhalt und sein Lebenssinn. Ihre

Fürsorge und Zuwendung gaben ihm inneren Halt und das Gefühl, für jemanden wertvoll zu sein. Nun ist sein Leben leer und ohne Ziel. Sein Lebens-grund ist ihm für alle Zeit genommen worden.

Herr W. kann es kaum noch ertragen, allein in seiner Wohnung zu sein. Er versucht pausenlos, sich bei anderen Menschen aufzuhalten, möglichst bei ihnen zu übernachten. So oft er kann, verreist er, um seiner Wohnung und der Angst vor dem Alleinsein zu entfliehen. Aber es gelingt ihm nicht völlig. Die Angst erfaßt ihn immer häufiger auch außerhalb seines Hauses, vor allem aber, wenn er aus irgendeinem Grund doch wieder in sein Zuhause zurückkehren muß. Mittlerweile löst allein der Gedanke, allein im Haus sein zu müssen, extreme Angstgefühle aus.

Herr W. ist über diesen Zustand verzweifelt. Er weiß nicht, was er noch machen soll. Im Gespräch über seine Situation wird sehr schnell deutlich, daß er seine Fluchtversuche aufgeben und sich der Angst zuhause stellen muß. Nur so kann er lernen, sie mit der Zeit zu besiegen. Es ist ihm unvorstellbar, sich bewußt der Situation auszusetzen, die ihm soviel Angst bereitet. Sie scheint ihm übermächtig, unbesiegbar. Da hat er folgenden Traum.

Ich bin in meiner Wohnung. Auf einmal kommt aus einer Ecke des Zimmers eine große Schlange auf mich zugekrochen. Ich will das Zimmer blitzschnell verlassen. Gelähmt vor Angst und Entsetzen, komme ich jedoch nicht vom Fleck. Ich erwarte, daß sie jeden Augenblick auf mich zustößt, um mich zu vernichten. Da fasse ich allen meinen Mut zusammen und trete ihr auf den Kopf. Da zerfällt sie vor meinen Augen. Sie ist hohl. Die Schlange ist aus Pappmaché.

Deutlicher kann das Unbewußte Herrn W. kaum aufrufen, sich der Angst zu stellen. Sie tritt an dem Ort auf, der ihm zu schaffen macht. *Ich bin in meiner Wohnung.* Die Angst kommt ihm in der bewußten Wirklichkeit ebenso angekrochen, wie die Schlange im Traum. Er will, wie immer, fliehen. *Ich will das Zimmer blitzschnell verlassen.* Es gelingt nicht. Das Traumgeschehen schildert die Unmöglichkeit, der Angst wirklich entkommen zu können. *Gelähmt vor Angst und Entsetzen, komme ich jedoch nicht vom Fleck.* Die Verzweiflung und Ausweglosigkeit stellt der Traum mit dem Hinweis fest: *Ich erwarte, daß sie jeden Augenblick auf mich zustößt, um mich zu vernichten.* Die scheinbare Ausweglosigkeit wird mit dem Mut der Verzweiflung überwunden. *Da fasse ich allen meinen Mut zusammen und trete ihr auf den Kopf.* Damit ruft das Unbewußte Herrn P. auf, der Angst mutig entgegenzutreten. Nur auf diese Weise kann er die erstaunliche Erfahrung machen: *Sie ist hohl. Die Schlange ist aus Pappmaché.* Die Angst hat weitaus weniger Macht, als er bisher angenommen hat. Sie empfängt ihre Macht über sein Leben lediglich aus seiner Angst vor dieser Angst.

Diese Ermutigung hilft Herrn W., seine Fluchtversuche zu reduzieren und daran zu arbeiten, das Alleinleben zu üben.

Im folgenden Traum wird gleich eine dreifache Angst zum Inhalt des Traumgeschehens. Auch in diesem Fall weist das Unbewußte darauf hin, daß die Angst vor bestimmten Situationen ihre Kraft hauptsächlich aus der Angst bezieht, daß sie in diesen Situationen auftreten wird. Der Traum führt vor Augen, daß dies nicht zwingend ist.

Ich empfinde keine besondere Angst

Das Leben von Frau I. wird durch unterschiedlichste Ängste eingeschränkt. Unter anderem leidet sie an Höhenangst. Sie kann es kaum aushalten, sich im oberen Stockwerk eines Hochhauses aufzuhalten. Völlig unmöglich ist es ihr, mit einem Fahrstuhl zu fahren. Sie erträgt es nicht, auch nicht für eine kurze Zeit, in ihm „eingesperrt" zu sein. Eine Grundangst ihres Lebens ist die Angst vor dem Alleinsein. Sie hat große Angst, ohne die Hilfe eines Menschen mit ihren Schwierigkeiten, vor allen Dingen mit den Angstzuständen, fertig werden zu müssen. Sie meidet jede Situation, die ihr Angst macht (Hochhaus, Fahrstuhl) und ist andauernd bemüht, im Kontakt mit professionellen und nicht professionellen Helfern zu sein. Sie träumt:

Ich will zu meinem Arzt. Dieser hat seine Praxis in einem Hochhaus. Jemand begleitet mich zu diesem Haus. Von meinem Begleiter erfahre ich, daß sie sich ganz oben im Hochhaus befindet. Plötzlich ist mein Begleiter verschwunden. Ich steige allein in den Aufzug. Man hat mir vorher gesagt, daß er mit 160 km/h fährt! Ich warte auf die Angst und klammere mich mit meinen Händen an der Umfassungswand fest. (Der Fahrstuhl hat keinen „Deckel".) Ich erwarte besonders starke Angst, wenn der Fahrstuhl oben abbremst. Aber sie kommt nicht. Der Fahrstuhl hält, ohne daß ich das Abbremsen vorher bemerkt habe. (Sie haben ein neues, elektronisches Steuersystem.)

Oben tritt man aus der Kabine, und auf einer Marmorwand erscheinen die Namen der gerade ankommenden Besucher in Leuchtschrift. Mein Name leuchtet nicht auf. Ich bin mir bewußt, daß ich allein da oben stehe. Ich empfinde aber keine besondere Angst. Ich suche den Arzt, zu dem ich gehen will.

Frau I. ist entschlossen, gesund zu werden. Sie sucht den Weg zur Heilung. *Ich will zu meinem Arzt.* Sie traut es sich nicht zu, diesen Weg ohne fremde Hilfe zu gehen *(jemand begleitet mich ...)*. Im Traum wird ihr nun deutlich gemacht, daß der Weg zur Heilung nur über die „Stationen ihrer Angst" zu finden ist (Hochhaus, Fahrstuhl, Alleinsein). Sie wird zunächst allein auf diesen Weg geschickt. *Plötzlich ist mein Begleiter verschwunden.* Nun folgt eine Übersteigerung aller angstauslösender Faktoren: Praxis ganz oben im Hochhaus, allein im Fahrstuhl, fährt mit hoher Geschwindigkeit, hat nicht mal eine geschlossene Kabinendecke. Angesichts dieser Konzentration von Angstauslösern tritt die für Frau I. typische Reaktion ein: *Ich warte auf die Angst ...* Diese Erwartungsangst macht ihr auch im Lebensalltag sehr zu schaffen. Sie lähmt ihre Aktivitäten in vielen Bereichen. Im Traum macht sie nun die überraschende Erfahrung, daß das nicht eintritt, was die Erwartungsangst suggeriert. Die Angst *„kommt nicht"*! Frau I. gelingt es, alle „Stationen ihrer Angst" zu durchlaufen, ohne in Angst zu geraten. Die Grundangst vor dem Alleinsein wird in einer eigenen Traumsequenz noch einmal aufgegriffen. Das geistig Unbewußte betont ausdrücklich, daß auch diese elementare Angst zu überwinden ist. *Ich bin mir bewußt, daß ich allein da oben stehe. Ich empfinde aber keine besondere Angst.* Sie hat es geschafft. Der Weg zur Heilung ist frei. *Ich suche den Arzt, zu dem ich gehen will.*

Es ist erstaunlich, mit welcher Klarheit das Unbewußte den Weg zur Überwindung der Angst aufzeigt. Nur derjenige, der sich ihr stellt, kann sie besiegen. Frau I. wird aufgerufen und durch das Traumerleben zugleich ermutigt, sich auf diesen Weg einzulassen.

Er will nur mit mir reden

Frau U. wird mit der Realität der Vergänglichkeit des Lebens nicht fertig. Die objektive Tatsache, daß alle Menschen sterben müssen, ist für sie zu einer allgegenwärtigen Gefährdung ihrer Existenz geworden. Sie kann sich über nichts und auf gar nichts mehr freuen. Alles ist mit dem Grauschleier des Vergänglichen überzogen.

Aus dieser pessimistischen Lebenshaltung haben sich zusätzlich konkrete Ängste entwickelt, die sich auf bestimmte Bereiche ihres Lebens beziehen. Frau U. versucht, den Situationen auszuweichen, die diese Ängste hervorrufen. Sie kann sich nicht frei auf das Leben und seine Möglichkeiten einlassen. Die Angst, das Leben zu verlieren ist so groß, daß es ihr nicht gelingt, sich auf das Wagnis des Lebens einzulassen.

Sie erkennt selbst, daß ihre Ängste irreal sind und sie daran hindern, ihr Leben zu genießen und sinnvoll zu gestalten. Dennoch fehlt ihr der Mut, sich auf die Herausforderungen des Lebens einzulassen. Angesichts einer kritischen Zuspitzung ihrer Lage ruft ein Traum sie eindringlich dazu auf.

Ich spiele eine Rolle in einem Film. Eine Frau soll erschossen werden. Ich spiele diese Frau. Ich gehe zu einem Briefkasten, an dem ein Zettel mit einer Nachricht angeheftet ist. Ich stelle mich beim Lesen so, daß ich vom Heckenschützen nicht getroffen werden kann. Während dieser Szene wird mir unheimlich. Ich empfinde die reale Bedrohung des Erschießens. Ich gehe in das Haus und verkrieche mich unter der Eckbank.

Dann kommt ein Mann von der anderen Seite der Straße durch die immer noch offene Haustür. Er will nur mit mir reden. Ich soll vor laufender Kamera einen Dialog mit ihm führen. Die Stimme versagt mir zunächst, denn ich bin diese Arbeit als Schauspielerin nicht gewöhnt.

Im Bild der Filmrolle zeigt der Traum von Anfang an, wie irreal die Ängste sind, die Frau U. belasten. Mag ein Film noch so realistisch wirken, es ist alles „gestellt", Blut ist nicht Blut, ein Toter ist nicht wirklich tot, Gefühle sind nur „gespielt". In dieser Filmwirklichkeit geht es um das Grundthema von Frau U., um das Sterben. *Eine Frau soll erschossen werden.* Das Ende ihres Lebens soll gegen ihren

Willen und durch äußere Gewalt eintreten. Wie in der Wirklichkeit, versucht sie sich davor zu schützen. *Ich stelle mich beim Lesen so, daß ich vom Heckenschützen nicht getroffen werden kann.* Sie erkennt, daß ihre Maßnahme nicht ausreicht. Das Gefühl der Bedrohung nimmt überhand (wie in ihrem täglichen Bewußtsein!). *Während dieser Szene wird mir unheimlich. Ich empfinde die reale Bedrohung des Erschießens.* Sie reagiert auf die für sie typische Weise. Sie zieht sich aus der Szene (aus dem Leben!) zurück. *Ich gehe in das Haus und verkrieche mich unter der Eckbank.* Präziser läßt sich die Grundhaltung von Frau U. nicht illustrieren. Sie versteckt sich im äußersten Winkel ihres Lebenshauses vor dem Leben selbst, vor dem Sinnaufruf, den das Leben für sie bereit hält.

Die Traumbotschaft ihres Unbewußten ist nicht minder deutlich. *Dann kommt ein Mann von der anderen Seite der Straße durch die immer noch offene Haustür.* Die Szene ist noch nicht zu Ende! Das Leben fragt noch weiter an. Die Haustür steht offen. Das ist die Chance für sie, eine neue Einstellung zum Leben und zu seinen Sinnmöglichkeiten zu finden. Sie soll beginnen, sich auf einen Dialog mit dem Leben einzulassen. *Er will nur mit mir reden.* Die offene Tür, die Einladung zum Gespräch, sind Signale an Frau U., ihre Angstvermeidungsstrategie des Rückzugs aufzugeben und auf die Anfragen des Lebens sinnvoll zu antworten.

Der Abschluß des Traumgeschehens bezieht sich wieder auf die gegenwärtige Realität. *Die Stimme versagt mir zunächst, denn ich bin diese Arbeit als Schauspielerin nicht gewöhnt.* Ihre Sprachlosigkeit den Lebensfragen gegenüber nimmt das Unbewußte ernst, verknüpft es aber mit einer Begründung, die ein Wandlung offen läßt. *Ich bin diese Arbeit ... nicht gewöhnt.* Das bisher Ungewohnte kann zur guten Gewohnheit werden, wenn sie dem Aufruf der Traumbotschaft Folge leistet. Im folgenden Traum wird der alternative Umgang mit der Angst eindrucksvoll durch zwei getrennte, aufeinander folgenden Traumsequenzen illustriert.

Plötzlich nimmt mich der Mann in den Arm

Die Leistungsanforderungen der Schule machen unserer Tochter S. zu schaffen. Besonders vor den Klassenarbeiten erfaßt sie die Angst, die Leistungen nicht zu erbringen, die von den Lehrern erwartet werden. Da sie äußerlich der Situation nicht entfliehen kann, tritt an diese Stelle eine innere „Flucht". Sie entwickelt eine starke innere Ablehnung dem Schulbetrieb gegenüber. Diese Ablehnung aber verringert ihre Aufnahmebereitschaft und erschwert das Lernen. Dadurch verschärft sich die angstauslösende Situation zusätzlich.

In einer Phase, in der durch das häufige Schreiben von Klausuren sich dieser Angstzirkel besonders stark aufschaukelt, hat S. folgenden Traum.

Ich werde von einem Mann verfolgt. Dieser will mich erschießen. Die Jagd geht durch Kaufhäuser, Gassen und Straßen. Ich habe Angst und wache auf.

Nachdem ich eingeschlafen bin, tritt eine Wende ein. Ich stelle mich diesem Mann. Ich will, daß er mich erschießt. Ich denke: „Dies ist nur ein Traum, den ich nicht weiter träumen will. Plötzlich nimmt mich der Mann in den Arm und sagt: „Es tut mir leid!" Wir gehen gemeinsam weg. Die Verfolgung hat ein Ende.

Im Bild der Verfolgungsjagd wird der beklemmende Zustand beschrieben, der problematischen Situation nicht entrinnen zu können. Das Ergebnis der Flucht, – die Angst bleibt. *Ich habe Angst.* Nach einer kurzen Unterbrechung des Traumes durch das Erwachen tritt die erstaunliche Wende ein. *Ich stelle mich diesem Mann.* Die Fluchtbewegung verkehrt sich ins Gegenteil. S. stellt sich der Quelle ihrer Angst. Im Traum geht sie noch einen Schritt weiter. Sie wünscht sich herbei, was sie bis dahin so sehr gefürchtet hat: *Ich will, daß er mich erschießt.* In dieser Reaktion, die in ihrer Tendenz der paradoxen Intention entspricht, durchbricht sie den Kreislauf der Angstentstehung. Sie will den Traum nicht mehr so weiter träumen wie bisher.

Der Traum ruft sie eindeutig dazu auf, mit der Angstsituation in Zukunft anders umzugehen. Die Herausforderung des Lebens in der Form der schulischen Anforderung ist anzunehmen. Die damit verbundenen Spannungen und Belastungen gehören für sie dazu. Gelingt es ihr, sich den Aufgaben freiwillig zu stellen, kommt es zur „Versöhnung" mit der Realität. *Plötzlich nimmt mich der Mann in den Arm und sagt: „Es tut mir leid!"* Nicht Flucht vor der harten Wirklichkeit, sondern eine Aussöhnung mit ihr ebnen den Weg ins Leben. *Wir gehen gemeinsam weg.*

Die Frau hatte meinen Körper und mein Leiden

Frau K. leidet seit Monaten an schweren Herzanfällen, die sich unter anderem in extremem Herzrasen bemerkbar machen und jedesmal panikartige Angstgefühle auslösen. Da Frau K. noch recht jung ist, bezieht sich diese Angst auch auf die Zukunftsperspektive ihres Lebens. Werde ich ein krankes Herz behalten? Bleibe ich mein Leben lang eingeschränkt durch eine chronische Krankheit? Wird mein Leben gar ein frühes Ende nehmen? Diese naheliegenden, ängstlichen Gedanken, verbunden mit einer entsprechenden intensiven Selbstbeobachtung (schlägt mein Herz schon wieder schneller?), steigern die Häufigkeit und Intensität des Herzrasens zusätzlich. Wieder hat sich ein bedrohlicher Angstzirkel etabliert, den es zu durchbrechen gilt. Im Traum signalisiert das Unbewußte den notwendigen Ansatzpunkt dazu.

Ich gehe eine Straße entlang. Vor mir her geht eine weitere Person. Plötzlich wird mir bewußt, daß ich selber diese Person bin, die vor mir her geht. Indem ich das erkenne, empfinde ich eine ungeheure Leichtigkeit. Diese Frau hat meinen Körper und somit auch mein Leiden und die damit verbundene Angst. Ich bin endlich einmal frei davon.

Frau K. erlebt im Traum auf eindrückliche Weise das Phänomen der Selbstdistanzierung. *Plötzlich wird mir bewußt, daß ich selber diese Person bin, die vor mir her geht.*

Zu den spezifischen Fähigkeit, des Menschen gehört es, zu seiner aktuellen körperlichen und seelischen Verfassung eine gewisse Distanz herzustellen und aus dieser heraus zu sich selbst Stellung zu nehmen.

Da läßt sich ein Mann nicht unterkriegen von seiner starken Einschränkung durch die Querschnittlähmung und wird zu einem erfolgreichen Teilnehmer von speziell ausgerichteten Tennisturnieren. Eine Frau läßt sich von ihrer Depression nicht abhalten, ihre ehrenamtliche Tätigkeit in der Kirchengemeinde durchzuführen. Diese Beispiele deuten an, wie sehr die Fähigkeit, zu sich selbst Stellung nehmen zu können, der konkreten Sinnerfüllung dient.

Der Traum ruft Frau K. auf, diese außerordentliche Chance zu nutzen. Er signalisiert ihr: Du bist mehr als deine Krankheit! Du bist als Person nicht völlig identisch mit dem kranken Körper und damit mit der Angst, die er zur Zeit auslöst. Krank werden kann nur die körperliche und seelische Dimension des Menschen. Die geistige bleibt davon unberührt. *Diese Frau hat meinen Körper und somit auch mein Leiden und die damit verbundene Angst.*

Durch das intensive Erleben der Unterscheidung zwischen der inneren, geistigen Person und der seelisch-körperlichen Verfassung (in der Logotherapie „noopsychischer Antagonismus" genannt) überwindet Frau K. im Traum ihre Angst total. *In dem ich das erkenne, empfinde ich eine ungeheure Leichtigkeit.* Die Traumbotschaft lautet: Die Freiheit zur Selbstdistanzierung ist die Freiheit zum Durchbrechen des Angstzirkels. Frau K. erlebt diesen Durchbruch im Traum und stellt erleichtert fest: *Ich bin endlich einmal frei davon.*

Ich nehme meinen Körper gar nicht wahr

Frau A. beobachtet täglich ihren Körper. Sie fürchtet sich davor, irgendeine Veränderung an der Hautoberfläche zu entdecken, die auf Krebs hinweisen könnte. Diese hypochondrische Angst beherrscht ihr ganzes Dasein. Sie wacht mit dieser Angst morgens auf und kämpft mit ihr noch am Abend, wenn sie schlafen will. Die Beziehung zu ihrem Mann, den Kindern und zu ihrer eigenen Person wird durch die Wirkungen der Angst schwer belastet.

Um nicht ständig mit ihrem körperlichen Erscheinungsbild konfrontiert zu werden, versucht sie, ihren Körper durch entsprechende Kleidung weitgehend zu bedecken. Das gilt auch für den Sommer.

Frau A. läßt sich auf einen Prozeß der Auseinandersetzung mit ihrer massiven Angst ein. Sie will es lernen, diese zu überwinden. Dazu beginnt sie, sich ganz bewußt Sinnziele zu stecken, deren Verwirklichung im Alltag ihr wichtiger erscheinen als die ängstliche Beobachtung ihres Körpers. Sie nimmt die Haltung der Dereflexion ein, die ebenfalls die spezifisch menschliche Fähigkeit nutzt, zu sich selbst Stellung nehmen zu können. Das geistig Unbewußte unterstützt das Bemühen von Frau A. durch ein entsprechendes Traumerleben.

Es ist Sommer. Ich bin nur leicht bekleidet. Ich fühle mich dabei äußerst wohl und total frei. Auf einmal wird mir klar: Ich nehme meinen Körper gar nicht wahr. Über-

rascht stelle ich fest: Die Veränderung hat sich ganz von allein eingestellt. Ich habe gar nicht bemerkt, wie es geschehen ist.

Die totale Überwindung ihrer hypochondrischen Angst, die Frau A. im Traum erlebt, hat sich ganz und gar ohne ihr Zutun ereignet. *Die Veränderung hat sich ganz von allein eingestellt.* Die Tatsache, daß sie nicht beobachtet hat, *wie es geschehen ist*, zeigt an, daß das ersehnte Ziel nur auf dem Weg einer spontanen Selbstvergessenheit erreicht werden kann. Es kommt darauf an, wirklich von sich selbst abzusehen. Genau das ist ihr im Traum gelungen. Sie hat ihre extreme Selbstbeobachtung (logoth. Hyperreflexion) aufgegeben und ist damit von der Fixierung auf ihren körperlichen Zustand frei geworden. *Ich nehme meinen Körper gar nicht wahr.*

Frau A. nimmt die Unterstützung ihres neuen Verhaltens durch das Traumerleben dankbar und erfreut an. Sie fühlt sich gestärkt, den angefangenen Weg weiter zu gehen.

7.6 Die Erinnerung an unerledigte Aufgaben der Existenz

Bereits am Traumbeispiel, die der freie Einfall für das Verstehen von Träumen hat (Kapitel 6), sind wir der religiösen Problematik begegnet. Es geht um den Traum von Herrn M. *Ich beobachte ein seltsames Insekt. Es stürzt sich auf eine Wespe und beißt diese in den Nacken. Es frißt die Wespe auf.* Auf Grund seiner Beziehung zur Natur und die Verbindung, die sie für ihn mit der Gottesfrage hat, erinnert der Traum Herrn M. daran, sich noch einmal mit der religiösen Frage auseinanderzusetzen. Er selbst bezeichnet sich ausdrücklich als nicht religiös im eigentlichen Sinn. In der katholischen Tradition aufgewachsen und in ihr sehr streng erzogen, hat er sich als erwachsener Mann vollkommen vom christlichen Glauben abgewandt und versteht sich als Agnostiker (Überzeugung, daß der Mensch von Gott nichts wissen kann).

Der Traum weist allerdings auf einen latenten, religiösen Bezug hin. Herr M. versteht seinen Traum als eine Erinnerung daran, sich noch einmal mit der religiösen Frage intensiv auseinanderzusetzen.

Viktor E. Frankl stellt in seinem Werk „Der unbewußte Gott" fest, daß in Träumen nicht selten unbewußte religiöse Fragestellungen zum Ausruck kommen und das gerade bei Menschen, die sich auf der bewußten Ebene ausdrücklich für nicht religiös halten. Eine Auseinandersetzung mit der im Traum erinnerten und oft unerledigten religiösen Frage kann einen wesentlichen Beitrag zur Sinnfindung der Person leisten.

Ich nehme in der Kirche Platz

Durch eine zweifache Wiederholung wird Frau R. auf die Rolle des christlichen Glaubens für die Bewältigung der Todesfrage hingewiesen. In der Zeit einer schweren existentiellen Krise taucht die Frage auf, welchen Sinn das Leben hat angesichts der Tatsache, daß der Mensch doch sterben muß und nie genau weiß, wann seine letzte Stunde gekommen ist. Frau R. ist sich sicher, daß eine Antwort auf diese Frage ihr helfen würde, ein größeres Vertrauen dem Leben gegenüber aufzubauen. Im Traum wird ihr buchstäblich der Weg zur Antwort gezeigt.

Der Weg, den ich gehe, teilt sich vor mir in drei Wege. Zwei davon führen nirgendwo hin. Der dritte Weg führt zu einer Kirche. Er ist gepflastert. Ich gehe auf diesem dritten Weg weiter. Nach einer Wegbiegung erkenne ich, daß er nur über einen Friedhof in die Kirche führt. Ich gehe trotz-

dem weiter. Ich nehme in der Kirche Platz. Die Veranstaltung läuft schon.

Frau R. gewinnt durch diesen Traum für sich die Einsicht, daß der Weg über die Todesfrage direkt zur Gottesfrage führt und nur in dieser Perspektive beschritten werden kann. Er erscheint ihr als sicherer Weg *(er ist gepflastert)*.

In einem zweiten, sonst nahezu identischen Traum erfolgt eine Erweiterung ihrer Aktivität. *Ich unterhalte mich mit den Menschen in der Kirche.* Sie sucht aktiv das religiöse Gespräch, um eine tragfähige Antwort auf die bis jetzt unerledigten Fragen ihres persönlichen Glaubens und der eigenen Vergänglichkeit zu finden.

Frau R. folgt der Aufforderung des Traumes und setzt sich in den folgenden Beratungsgesprächen bewußt mit den Fragen nach Sterben, Tod, Auferstehung und ewigem Leben auseinander .

Die Traumergänzung des Wiederholungstraums verwirklicht sie, indem sie sich einem christlichen Gesprächskreis anschließt.

Dem Licht müssen wir folgen

Herr A. hat über viele Jahre hin aus seiner religiösen Überzeugung Kraft geschöpft, Krisen und Schwierigkeiten zu meistern. Der Glaube beeinflußte seine Entscheidungen und sein Verhalten in positiver Weise.

Eine lang anhaltende Lebenskrise, die Skepsis ihm nahestehender Personen dem Glauben gegenüber und das Unverständnis für diesen Bereich bei seiner Partnerin führten dazu, daß er selbst diese für ihn wichtige Orientierung aufgab und die entsprechende Lebensführung vernachlässigte. Seit dieser Zeit fühlt Herr A. sich innerlich sehr erschöpft, kraftlos und unentschlossen. Er zweifelt daran, seine akute Lebenskrise zu bewältigen. Ein Traum erinnert ihn an die vernachlässigte Möglichkeit seiner Existenz.

Ich bin dabei, die Räume meines Hauses zu gestalten. Es gelingt mir nicht. Ich komme gegen die auftretenden Probleme nicht mehr an. Ich sage: „Wir müssen in die Stille gehen." In diesem Augenblick nehme ich ein wunderschönes Wesen wahr. „Du kannst mir helfen!", rufe ich ihm zu. Da verwandelt es sich in eine lebendige Flamme, die durch alle Räume des Hauses schwebt. Ich weiß: Dem Licht müssen wir folgen!

Das geistig Unbewußte erkennt die Gefahr für Herrn A., von den Problemen der Gegenwart überwältigt zu werden. Das Lebenshaus läßt sich nicht mehr gestalten. *Ich komme gegen die auftretenden Probleme nicht mehr an.* Es gibt einen ersten Hinweis zur Überwindung der kritischen Lage. Herr A. wird aufgerufen, in die Stille zu gehen. Früher gehörte es für ihn zur selbstverständlichen Gewohnheit, sich Zeit zur Stille zu nehmen, um in ihr Antwort und Wegweisung für sein Leben zu empfangen. Die Traumbotschaft fordert ihn auf, diese hilfreiche Gewohnheit wieder aufzunehmen. Mit der Bereitschaft, die Stille aufzusuchen, wird im Traum die Führung durch Gott selbst verbunden. Das wunderschöne Wesen (ein Engel?) wird als Retter in der Not erkannt. *Du kannst mir helfen!* In dem Augenblick, in dem Herr A. diese Wahrheit im Traum akzeptiert, verwandelt sich das Wesen in ein Symbol der Gegenwart Gottes. Das lebendige Feuer, das durch alle Räume schwebt, hat Aufforderungscharakter. Es gibt im Alten Testament eine Parallele zu diesem Traumbild. Gott führt das Volk Israel durch die Wüste, tagsüber in einer Wolkensäule und nachts in einer Feuersäule, die dem Volk den Weg ins gelobte Land zeigen. Das Volk Israel findet seinen Weg durch die Wüste, indem es diesem „Feuer" folgt (2. Mose 13,21 + 22).

Herr A. versteht im Traum diesen Aufruf zur Nachfolge und weiß deshalb sofort : *Dem Licht müssen wir folgen!*

Er nimmt diesen Hinweis des Traumes ernst, den vernachlässigten religiösen Bereich seiner Existenz neu zu beleben. Er erlebt dabei, daß seine Kräfte und Fähigkeiten zur Bewältigung der anstehenden Probleme tatsächlich deutlich zunehmen.

Zu den unerledigten Aufgaben der Existenz gehört neben der religiösen Frage, wie bereits im Traum von Frau R. erkennbar, auch die Aufgabe der Vergänglichkeitsbewältigung. Es geht für den Menschen darum, sich mit der Tatsache auseinanderzusetzen, daß sein Leben der Vergänglichkeit unterworfen ist und im Tod sein irdisches Ende nimmt. Eine solche Auseinandersetzung kann seelischen Schmerz und unangenehme Gefühle auslösen. Deshalb verdrängen viele Menschen diese Wahrheit ihres Lebens und weichen ihr aus. Da zum sinnorientierten Leben auch ein sinnvoller Umgang mit der eigenen Vergänglichkeit gehört, kann das geistig Unbewußte an diese unerledigte Aufgabe der Existenz erinnern.

Du bist doch längst gestorben!

Frau J. befindet sich in einer ernsthaften Beziehungskrise. Ausgelöst durch die Freundschaft zu einem anderen Mann, geht es um die Frage, ob es ihr noch möglich ist, die bestehende Ehe aufrecht zu erhalten. In der Auseinandersetzung mit dieser zentralen Frage wird ihr klar, wie sehr die Krise mit ihrer Prägung durch die Mutter und mit ihrer jetzigen Lebenssituation zusammenhängt. Im Traum taucht unvermittelt das Thema Tod auf.

Ich sehe meine Mutter, wie sie mit meinem Bekannten spazieren geht. Sie biegt um die Ecke. Ich folge ihr und denke: „Hier stimmt was nicht!" Nachdem ich sie eingeholt habe, sage ich zu ihr: „Du bist doch längst gestorben!" Meine Mutter erwidert: „Du träumst ja!" Es entwickelt sich eine Diskussion über tot oder nicht-tot. Am Ende bricht Mutter die Auseinandersetzung ab, in dem sie sich abwendet und wortlos weggeht.

Frau J. fällt auf, daß neben typischen Verhaltensweisen der Mutter, die in der Realität tatsächlich längst verstorben ist, im Traum der Streit um das Totsein eine zentrale Rolle für sie spielt.

Bisher hat sie sich mit dem Tod rein intellektuell beschäftigt. Für sie ist er der Endzweck des Lebens. Angesichts ihres Leidens in der Ehe und am Leben überhaupt hat er sogar etwas Tröstendes für sie. Der Gedanke: „Es wird alles einmal ein Ende nehmen!" läßt sie die eine oder andere unerträgliche Situation besser ertragen.

Durch die im Traum geführte Diskussion mit ihrer Mutter wird ihr klar, daß diese intellektuelle Einordnung des Todes zur Bewältigung der eigenen Vergänglichkeit nicht ausreicht. Sie muß sich diesem lebenswichtigen Thema noch einmal neu und bewußt stellen, um es grundlegender zu bewältigen.

Im weiteren gemeinsamen Bewegen der durch den Traum aufgeworfenen Fragen erweitert sich für Frau J. die Bedeutung, die der Tod für ihr Leben haben kann. Sie erkennt, daß Tod und Vergänglichkeit ihres Lebens eine Herausforderung darstellen, zu lernen, bewußter und verantwortungsvoller in der Gegenwart zu leben. Da der Mensch nicht weiß, wann sein Leben ein Ende nimmt, ist er aufgerufen, es jeden Tag sinnvoll zu gestalten.

7.7 Die Bestätigung des sinnvollen Weges

Im Laufe von seelischen Entwicklungsprozessen kommt es häufig zu Phasen der Verunsicherung und Entmutigung. Es kann passieren, daß jemand in sein altes Verhaltensmuster zurückfällt. Herr S. hat mühsam gelernt, der Auseinandersetzung mit seiner Frau sich nicht durch Weglaufen, Türenschlagen und Schweigen zu entziehen. In einem Zustand äußerster aggressiver Erregung läuft er während eines Streites mit seiner Frau aus dem Zimmer. Wie gehabt! Bei dem Versuch zu verwirklichen, was als sinnvoll erkannt worden ist, können sich Widerstände aufbauen, die von innen kommen oder durch äußere Einflüsse entstehen. Frau R. will nicht mehr unter allen Umständen dem entsprechen, was die Menschen in ihrer Umgebung von ihr erwarten. Sie hat erkannt, daß der Sinn etwas ganz Individuelles und Einmaliges ist, dem sie bewußter folgen will. Dabei geschieht es, daß sie den Vorwurf zu hören bekommt: „Warum bist du so egoistisch geworden?“ Ihr selbst kommen Zweifel: Widerspricht mein Verhalten nicht dem Gebot der Nächstenliebe?

Angesichts solcher Unsicherheiten stärkt das geistig Unbewußte das bewußte Handeln der Person. Es ermutigt durch Träume, das neue Verhalten beizubehalten und den als sinnvoll erkannten Weg weiterzugehen.

Ich komme mir vor wie im Schlaraffenland

Herr H. hat sich auf einen intensiven Entwicklungsprozeß seiner Persönlichkeit eingelassen. In der Auseinandersetzung mit seinen Ängsten hat er Einsichten gewonnen, die ihm helfen, angemessener mit dem Phänomen der Angst in seinem Leben umzugehen. Das bedeutet für ihn unter anderem, daß er bisherige Lebenseinstellungen und Verhaltensweisen verändern muß. Er befindet sich auf einem mühsamen und langwierigen Weg der Wandlung. Unterwegs kommen ihm Zweifel, ob sich der Aufwand wirklich lohnt und ob es dauerhaft gelingen wird, den Einfluß der Angst in seinem Leben so zu verringern, daß er es sinnvoller gestalten kann als bisher. In einem eindrucksvollen Traum ermutigt ihn sein Unbewußtes, nicht aufzugeben.

Ich stehe vor einem Haus. Es steht frei in der Landschaft. Mich bedrückt seine Verfassung. Alles an ihm erscheint alt, verfallen, runtergekommen. Da ist anscheinend nichts Lebendiges mehr drin. Die Fenster sind so ungepflegt und schmutzig, daß ich nicht hineinsehen kann. Jedenfalls kann man nicht sicher sein, ob das Haus sicher wäre, wenn man in ihm wirklich leben müßte. Ich gehe um das Haus herum. Dabei mache ich eine überraschende Entdeckung. Die hintere Seite des Hauses sieht viel besser aus. Es hat bunte Fensterläden und sieht einladend aus. Am meisten aber verblüfft mich die Tatsache, daß sich hinter dem Haus eine weite, helle Ebene ausbreitet. Das hätte ich vor dem Haus nicht vermutet. Am Horizont ist das weite Meer erkennbar. Ich gehe weiter und komme in eine Gegend voller Bäume, an denen die Früchte bündelweise hängen. Ich komme mir vor wie im Schlaraffenland.

Das alte, verfallene Haus, das dem Leben keinen Raum bieten kann *(da ist anscheinend nichts Lebendiges mehr drin)*, veranschaulicht für Herrn H. seine bisherige, von starker Angst geprägte Lebenssituation. Das ausgeprägte Sicherheitsbedüfnis, das unter anderem seine Angst verstärkt, kommt in der merkwürdigen Wendung zum Ausdruck: *Jedenfalls kann man nicht sicher sein, ob das Haus sicher wäre, wenn man in ihm wirklich leben müßte.* Es ist hoffnungslos verfallen. Angesichts dieses trostlosen Bildes tritt eine überraschende Wende ein. Schon die Wahrnehmung dessen, was „dahinter“ ist, verändert die Sachlage. Hinter der hoffnungslosen Fassade deuten sich doch noch Lebensmöglichkeiten an. *Die hintere Seite des Hauses sieht viel besser aus. Es hat bunte Fensterläden und sieht einladend aus.* Das, was Herr H. offensichtlich erlebt und womit er zu kämpfen hat, ist nicht das Ganze seiner Lebenswirklichkeit. Es gibt trotz allem Bereiche, die heil geblieben sind und ihn zum Leben einladen. Eine Steigerung dieser hoffnungsvollen Perspektive erfährt er im Weitergehen. Er ist selbst verblüfft über das, was sich da vor ihm auftut. *Am meisten aber verblüfft mich die Tatsache, daß sich hinter dem Haus eine weite, helle Ebene ausbreitet. Das hätte ich vor dem Haus nicht vermutet.* Die Chancen zur Sinnverwirkichung, die in seinem Leben noch bereitliegen, sind angesichts seiner gegenwärtigen Realität tatsächlich „unvorstellbar". Das Bild von Bäumen, *an denen die Früchte bündelweise hängen*, veranschaulicht die vor ihm liegende Sinnfülle auf unnachahmliche Weise. *Ich komme mir vor wie im Schlaraffenland.* Diese Sinnfülle erschließt sich Herrn H. aber nur, wenn der den eingeschlagenen Sinnweg weitergeht, trotz aller Schwierigkeiten und Anstrengungen.

Das Meer liegt vor mir im hellen Sonnenlicht

Frau E. hat einen Weg aus ihrer Krise gefunden. Durch verantwortungsvolles Handeln und sinnvolle Entscheidungen ist es ihr gelungen, auf ihrem Lebensweg voranzukommen und krisenbedingte Störungen ihres Befindens zu beseitigen. Ihr stellt sich die Frage, ob es noch Sinn hat, weiter an der Entwicklung ihrer Persönlichkeit zu arbeiten, da das Wichtigste bereits erledigt ist. Die Krise liegt hinter ihr. Es geht ihr relativ gut. Ein Traum warnt sie davor, den Sinnfindungsprozeß abzubrechen, nur weil sie von ihren Beschwerden frei geworden ist.

Ich sitze auf einer Lokomotive und fahre durch ein äußerst unwirtliches Gelände. Rechts und links von mir nur Felsen und Geröll. Plötzlich endet die Eisenbahnstrecke. Die Lokomotive kommt vor einem Felsmassiv zu stehen. Im ersten Augenblick denke ich: „Jetzt komme ich nicht mehr weiter." Dann aber entdecke ich einen schmalen Spalt in der Felsenwand. Mir ist klar, ich muß absteigen und die letzte Strecke zu Fuß weitergehen. Es ist sehr anstrengend. Nachdem ich auf der anderen Seite angekommen bin, breitet sich vor mir ein riesiger, weißer Strand aus. Das Meer liegt vor mir im hellen Sonnenlicht.

Frau E. erkennt in der Fahrt durch das unwirtliche Gelände den schwierigen Weg der Krisenbewältigung wieder. Dieser ist ans Ende gekommen. *Plötzlich endet die Eisenbahnstrecke.* Mit diesem Ende aber besteht die Gefahr, daß ihre positive Entwicklung nun nicht mehr weitergeht. *Im ersten Augenblick denke ich: „Jetzt komme ich nicht mehr weiter.* Der schmale Pfad durch den Felsen wird ihr zum Aufruf, weiterzugehen, auch wenn dies bedeutet, noch einmal Anstrengungen auf sich zu nehmen. *Es ist sehr anstrengend.* Der weitere Weg muß ohne äußere Unterstützung (Begleitung durch den Berater) zurückgelegt werden. *Mir ist klar, ich muß absteigen und die letzte Strecke zu Fuß weitergehen.* Auch im Fall von Frau E. stellt der Traum ein lohnendes Ziel vor Augen, ein Bild von Weite, Freiheit und Klarheit: *Nachdem ich auf der anderen Seite angekommen bin, breitet sich vor mir ein riesiger, weißer Strand aus. Das Meer liegt vor mir im hellen Sonnenlicht.* Frau E. läßt sich auf diese Botschaft ihres Traumes ein und erlebt in der Folgezeit, wie sich ihr Leben tatsächlich in Richtung Weite, Freiheit und Klarheit entwickelt. Sie wird immer fähiger, den Sinnaufruf einer Situation zu verstehen und sicherer, ihren individuellen Sinnweg zu gehen. Im nachhinein ist sie froh, nicht nur bei der Symptomfreiheit stehengeblieben zu sein.

Es ist mein Haus

Herr B. arbeitet an der Gestaltung einer neuen Partnerbeziehung. Diese erweist sich als konfliktbeladen und problematisch. Trotzdem will er nicht aufgeben, obwohl seelische Verletzungen aus der Vergangenheit und tief sitzende Ängste ihm sehr zu schaffen machen. Ihm ist bewußt, daß ihn die Auseinandersetzungen in der Partnerschaft herausfordern, sich selbst zu verändern und neue Verhaltensweisen einzuüben. Das alles fällt ihm nicht leicht. Nach konkreten Auseinandersetzungen überkommt ihn manchmal eine seelische Müdigkeit und der Impuls, die Beziehung zu beenden. Ein Traum vermittelt ihm Hoffnung und stärkt seinen Entschluß, diesen Prozeß durchzuhalten.

Ich stehe vor einem alten Haus. Ich will es renovieren, stelle aber fest, daß es verschlossen ist. Die Schlüssel, die ich bei mir habe, passen alle nicht. Ich will resigniert aufgeben. Da kommt ein Handwerker. Er findet einen Schlüssel, der paßt, und schließt die Haustür auf. Ich betrete das alte Haus und weiß: Es ist mein Haus.

Herr B. stellt sich der Aufgabe, sein Lebenshaus zu „renovieren". Er will notwendige Veränderungen vornehmen, die es ihm ermöglichen, seine Person optimaler zu entfalten und gleichzeitig beziehungsfähiger zu werden. Die Schwierigkeiten scheinen ihm zum Teil unüberwindlich zu sein. Irgendwie bleibt ihm der Zugang zu diesem Ziel und ganz konkret zu seiner Partnerin verschlossen. *Ich will es renovieren, stelle aber fest, daß es verschlossen ist. Die Schlüssel, die ich bei mir habe, passen alle nicht.* Deshalb steht er in Gefahr, resigniert aufzugeben. *Ich will resigniert aufgeben.* Da erscheint unverhoffte Hilfe. Sie kommt von außen. *Da kommt ein Handwerker. Er findet einen Schlüssel, der paßt, und schließt die Haustür auf.* Das Unbewußte weiß, daß Herr B. die Hindernisse auf seinem Weg nicht allein überwinden kann. Die Unterstützung durch einen „Fachmann" *(da kommt ein Handwerker)* ist vorübergehend erforderlich. Mit dieser Unterstützung allerdings gelingt es ihm, einen Zugang zu seinem Lebenshaus zu finden, um es künftig sinnvoller zu gestalten. *Ich betrete das alte Haus und weiß: Es ist mein Haus.*

Vielen Menschen gelingt es nicht, mit der Lebenskraft der Aggression sinnvoll umzugehen. Besonders schwer fällt dies den Menschen, die sich wünschen, möglichst mit jedem anderen in Harmonie zu leben. Sie fürchten den Konflikt und versuchen, ihn zu vermeiden, in dem sie sich in übertriebener Weise den Erwartungen und Vorstellungen ihrer Umgebung anpassen. Sie unterdrücken ihre eigenen Wünsche und Bedürfnisse und sehr oft auch ihre aggressiven Impulse dem anderen gegenüber, weil sie diese aus unterschiedlichsten Gründen für unberechtigt halten. Tragischerweise erleben sie es dann sehr oft, daß sie aus relativ harmlosem Anlaß aggressiv „explodieren". Diese Erfahrung bestätigt ihre Überzeugung, daß die Kraft der Aggression grundsätzlich negativ und moralisch verwerflich ist. Sie beginnen erneut, gegen diese elementare Kraft ihres Lebens anzukämpfen – bis zur nächsten aggressiven „Explosion".

Es gilt in solchen Fällen zu lernen, die Kraft der Aggression zur gesunden Abgrenzung und zur Aufrechterhaltung der eigenen Sinnorientierung einzusetzen. Dabei taucht oft die Angst auf, von Menschen, die der Person wichtig sind, kritisiert, abgelehnt und nicht verstanden zu werden. Oft erweisen sich die Phantasien über die Konsequenzen eines sinnvollen Umgangs mit der Kraft der Aggression als ganz und gar übersteigert. Der Traum korrigiert diese Angsterwartungen und ermutigt so, den sinnvollen Umgang mit dieser elementaren Lebenskraft beizubehalten.

Sie wird auf einmal freundlicher

Frau L. wurde geprägt von dem dominanten Verhalten ihrer Mutter. Schon als Kind war es ihr Bemühen, der Mutter alles recht zu machen, ihren Wünschen zu entsprechen. Daraus hat sich eine grundsätzliche Lebenshaltung entwickelt, die Frau L. in allen Bereichen ihres Lebens zu schaffen macht. Sie ist extrem abhängig, nicht nur von der Reaktion ihrer Mutter, sondern aller anderen Menschen, mit denen sie zu tun hat. Das Bemühen, ihnen allen zu entsprechen, hat die eigene Entfaltung der Person weitgehend verhindert. Eine grundsätzliche Unsicherheit auf der Beziehungsebene und schwere Störungen in der Partnerschaft sind die Folgen. Um dieses folgenschwere Defizit zu überwinden, entschließt sich Frau L., eine für sie bisher ungewohnte Haltung einzunehmen. Sie will stärker auf das achten, was sich in ihrem Inneren zu Wort meldet und diesem folgen. Es ist ihr klar, daß sich dabei die Beziehungen zu anderen Menschen ändern werden, besonders die zu ihrer Mutter, die sich an die Anpassung der Tochter über Jahrzehnte gewöhnt hat. Sie fürchtet sich vor den Konflikten und weiß nicht, ob es ihr gelingen wird, sich der Mutter gegenüber auf Dauer abzugrenzen. Ein Traum macht ihr Mut dazu.

Ich begegne meiner Tante, die alles in unserer Familie im Griff hat. Ich rede mit ihr und wage es, ihr gegenüber zu äußern: „Ich habe keine Lust mehr auf Familie." Ich erwarte eine scharfe Bemerkung von ihr. Es geschieht genau das Gegenteil. Sie wird auf einmal freundlicher und läuft mir nach.

Frau L. verbindet mit der Tante die Vorstellung einer übermächtigen Dominanz. Die Tante hat alles in der Familie *im Griff*, also auch die Mutter! Frau L. formuliert mutig ihr Abgrenzungsbedürfnis der Familie gegenüber. Sie will sich nicht länger von ihr vereinnahmen lassen. *„Ich habe keine Lust mehr auf Familie."* Sofort entsteht die Erwartungsangst, die sie aus der bewußten Realität her kennt. *Ich erwarte eine scharfe Bemerkung von ihr.* Aber diese bleibt überraschend aus. *Es geschieht genau das Gegenteil.* Die ängstlich erwartete, negative Reaktion von Abwehr und Ablehnung bleibt aus. Sie wird im Traum ersetzt durch eine radikale Umkehrung aller Befürchtungen: aus kritischer Dominanz wird akzeptierende Freundlichkeit *(sie wird auf einmal freundlicher)*, aus ängstlicher Anpassung wird ein freies Vorausgehen *(sie läuft mir nach)*.

Frau L. fragt sich nach dem Traum, woher hatte ich den Mut, so zu reden? Das geistig Unbewußte erinnert sie daran, daß die erforderliche Kraft zur Änderung in ihr schon längst vorhanden ist und darauf wartet, eingesetzt zu werden.

Frau L. nimmt diesen Hinweis ernst und beginnt, dem Sinnaufruf an dieser Stelle zu folgen. Sie erlebt in der folgenden Zeit, daß sich die Traumbotschaft in ihrer Lebenswirklichkeit bestätigt. Manche Befürchtungen, die sie daran hinderten, den Sinnweg in Richtung gesunder Autonomie zu gehen, erweisen sich als gegenstandslos. Es gelingt ihr immer besser, dem Sinnaufruf zu folgen, zu dem sie der Traum ermutigt hat.

Ich stelle ihn zur Rede!

Frau P. hat eine ähnliche Problematik. Aus weltanschaulichen Gründen fällt es ihr äußerst schwer, mit ihrer Aggression angemessen umzugehen. Nach außen hin versucht sie ruhig und gelassen zu erscheinen. In ihrem Inneren allerdings toben durchaus heftige Kämpfe. Sie ärgert sich, wenn sie von anderen übervorteilt wird und ist äußerst wütend über die Rücksichtslosigkeit vieler Menschen, die sie im Alltag erlebt. Es gelingt ihr nicht, ihre Aggression angemessen zum Ausdruck zu bringen, so daß sich an den äußeren Verhältnissen nichts ändert. Frau P. leidet permanent unter diesem Zustand. Ihr wird klar, daß sie lernen muß, sich zu äußern, wenn sie sich ungerecht behandelt fühlt. Nur so kann sie die sinnwidrige Situationen wirksam verändern. Sie startet erste Versuche in diese Richtung – mit Erfolg. Ein Traum bestätigt, daß sie sich auf dem richtigen Weg befindet und bestärkt sie in dem neuen Verhalten.

Ich will mit dem Bus in die Stadt fahren. Als ich zur Haltestelle komme, steht der Bus bereits abfahrbereit. Ich erkläre dem Busfahrer, daß ich eine Fahrkarte kaufen will. Er will aber nicht warten, sondern sofort losfahren. Da stelle ich ihn zur Rede und sage: „Das muß doch wohl drin sein!"

Frau P. erkennt im Traumgeschehen eine für sie typische Situation. Das Selbstverständliche wird ihr manchmal einfach nicht zugestanden. *Er will aber nicht warten, sondern sofort losfahren.* Normalerweise würde sie sich in einer solchen Situation sehr ärgern, aber dem „Schicksal" seinen Lauf lassen. Im Traum wagt sie es, ihre berechtigte Forderung deutlich zu formulieren. *Da stelle ich ihn zur Rede und sage: „Das muß doch wohl drin sein!"*

Frau P. empfindet den Traum als Hinweis ihres Unbewußten, daß es durchaus „in Ordnung" ist, ihre berechtigten Erwartungen anderen gegenüber klar und bestimmt zu äußern. Sie nimmt sich vor, dies noch bewußter zu tun, als es bisher der Fall war.

8. Stimmt das wirklich?

Können die einzelnen hier wiedergegebenen Traumbeispiele nicht auch ganz anders verstanden werden? Wer entscheidet, wie ein Traum zu verstehen ist? Besteht nicht die Gefahr, daß in einen Traum hineingelegt und dann herausgehört wird, was jemand gerne hören oder wissen will? Diese und ähnliche Fragen müssen jeden bewegen, der mit Träumen verantwortlich umgehen und ihr Verstehen ernst nehmen will. Die Frage: „Stimmt das wirklich?", geht von einem bestimmten Verständnis der Wahrheit aus.

8.1 Was ist Wahrheit?

Unter Wahrheit verstehen viele Menschen die objektive Übereinstimmung einer Aussage mit der Wirklichkeit. Wenn jemand sagt: „Hier liegen drei Äpfel auf dem Tisch" und auf dem Tisch liegen tatsächlich drei Äpfel, dann hat er „die Wahrheit" gesagt. Diese Vorstellung einer objektiven und oft auch mathematisch nachprüfbaren Wahrheit reicht zur Erfassung und Beschreibung der enormen Komplexität der menschlichen Existenz nicht aus.

Sagt jemand: „Ich liebe dich", wird es schon äußerst schwierig zu entscheiden und zu überprüfen, ob diese Aussage „wahr" ist. Die „Wahrheit" dieser Aussage hängt davon ab, was die Person, die diese Aussage macht, unter Liebe versteht. Es kann sein, daß sie damit ein sexuelles Verlangen meint oder die Bereitschaft, dem anderen zu helfen, mit seinem Leben zurecht zu kommen. Es kann auch nur der spontane Ausdruck einer romantischen Gefühlslage sein. Wenn das „Objekt" der Liebe sich vom anderen nicht geliebt fühlt oder ganz andere Vorstellungen von Liebe hat als die Person, die ihre Liebe verbal formuliert, wird es diese Aussage anzweifeln. Für sie ist sie zunächst einmal nicht „wahr". So kann es sein, daß auf dieser existentiellen Ebene eine Aussage als wahr und zugleich nicht wahr erscheint.

Wir begegnen hier dem Phänomen der existentiellen Wahrheit. Diese ist primär das Ergebnis eines bestimmten Erlebens, eines intuitiven Erfassen, eines existentiellen Vollzugs. Der Satz: „Ich liebe dich" muß erlebt und gelebt werden, um „wahr" zu sein. Im gemeinsamen Erleben der Liebe zwischen dem „Sender" und „Empfänger" dieser Botschaft, erweist sich deren „Wahrheit".

Um solche existentiellen Wahrheiten geht es beim Verstehen eines Traumes. Eine Traumbotschaft ist niemals „richtig" oder „falsch" im Sinne einer mathematischen Aussage. Sie ist ein Hinweis, ein Zeichen in eine bestimmte Richtung, ein Hindeuten auf etwas. Nur durch den persönlichen Vollzug, durch die eigene konkrete Antwort, wird sich erweisen, ob sie als wahr erlebt wird, ob sie wahrhaftig gelebt werden kann. Beim Versuch, einen Traum zu verstehen, kommt es oft zu einem tiefen, inneren Einverständnis bei demjenigen, dem die Traumbotschaft gilt. Er fühlt sich in seinem Innersten getroffen, umfassend verstanden oder wirksam ermutigt. Diese emotionale Realität ist seine Wahrheit.

Sie muß sich darüber hinaus sehr oft noch in der äußeren Lebensrealität als „wahr" erweisen, als Hilfe zum Gelingen des Lebens. Aus logotherapeutischer Sicht ist das immer dann der Fall, wenn eine Traumbotschaft dem Individuum hilft, den konkreten Sinnaufruf an sein Leben zu vernehmen und auf diesen mit seiner ganzen Existenz konkret zu antworten.

An den in diesem Buch dargestellten Beispielen ist zu erkennen, daß der Traum diese sinnförndernde Funktion durchaus haben kann.

Dennoch ist es mir wichtig, auf einige Gefahren hinzuweisen, die beim Umgang mit den Träumen entstehen können.

8.2 Gefahren im Umgang mit den Träumen

8.2.1 Die Überschätzung der Traumfunktion

Zunächst einmal liegt eine Gefahr in der Beschäftigung mit den eigenen Träumen darin, ihnen bei der Aufgabe der Sinnorientierung eine übertriebene Bedeutung zuzuschreiben. Sie kann darin liegen, daß der einzelne in großen und kleinen Entscheidungen eher auf die vermeintlichen Hinweise seines Unbewußten achtet als auf alle anderen äußeren, der Vernunft und bewußten Einsicht zugänglichen Faktoren. Daraus kann sich eine problematische Abhängigkeit der Person von ihrem Unbewußten entwickeln, durch die ihre Sinnorientierung gefährdet wird. Gerade bei der neurotischen Persönlichkeit, die in der Regel unter einer gewissen Ich-Schwäche leidet und dazu neigt, sich von fremden Einflüssen abhängig zu machen, die Verantwortung für ihre Entscheidung auf Instanzen außerhalb ihres Ichs abzuwälzen, besteht die Gefahr, daß sie durch den Traum „Opfer" ihres Unbewußten wird.

C. G. Jung warnt deshalb ausdrücklich davor, dem Traum eine Führungsrolle zukommen zu lassen, die er nicht erfüllen kann. Er plädiert dafür, alles auszuschöpfen, was dem Bewußtsein zur Klärung einer Frage oder Entscheidungssituation möglich ist, bevor der Traum zu Rate gezogen wird. Erst da, wo das Bewußtsein an seine Grenzen gekommen ist, kann der Traum eine wertvolle und manchmal äußerst notwendige Ergänzung sein. Er bleibt aber in jedem Fall nichts anderes als eine Ergänzung der bewußten Orientierung der Person.

8.2.2 Die Fixierung auf das Traumerleben

Wird der Traum in seiner Bedeutung für die eigenen Existenz überschätzt, entwickelt sich leicht eine extreme Fixierung auf das Traumerleben. Diese kann dazu führen, daß sich die Traumerwartung so steigert, daß sich beim Ausbleiben von Träumen bzw. bei einem Sich-nicht-erinnern-Können Gefühle der Enttäuschung, Niedergeschlagenheit oder sogar inneren Unsicherheit breit machen können. Die starke innere Ausrichtung auf den Traum (Hyperreflexion) kann die vegetativ gesteuerte Entspannung im Schlaf stören und dadurch Schlaftiefe und Schlafdauer negativ verändern. Wird daraus eine echte Schlafstörung, wirkt diese sich als zusätzliche Belastung auf den gesamten Organismus aus, was wiederum eine negative Rückwirkung auf die seelische Verfassung des Individuums hervorruft. Was als Hilfe gedacht ist, verwandelt sich auf diese Weise in eine Gefährdung.

Deshalb betone ich immer wieder, daß zum Umgang mit den Träumen eine gewisse Gelassenheit erforderlich ist. Das Unbewußte weiß, wie es sich zu Worte melden kann und tut dies auch, wenn ihm dazu Raum gegeben und Offenheit entgegengebracht wird. Eine solche offene Gelassenheit reicht in jedem Fall aus, die helfende Funktion der Träume zu erfahren.

8.2.3 Der falsche Umgang mit Traumbüchern

Es gibt in der Traumliteratur Bücher, die die Bedeutung einzelner Traumsymbole beschreiben. Sie sind insofern eine Hilfe, als sie eine allgemeine Orientierung über die

Bedeutung eines Symbols vermitteln. Diese Orientierung kann besonders dann wichtig werden, wenn zu einem Symbol im Traum kein persönlicher und aktueller Bezug erkennbar ist.

Problematisch werden die Aussagen über Traumsymbole immer dann, wenn sie mit dem Anspruch verknüpft werden, die einzige und absolut „wahre" Bedeutung des Symbols wiederzugeben. Noch heikler wird es, wenn die Symbolik einseitig gedeutet wird, zum Beispiel in Richtung eines unter allen Umständen sexuellen Hintergrunds des Traumgeschehens.

Im Umgang mit entsprechender Literatur ist deshalb darauf zu achten, ob der Autor die Vielfalt der Deutungsmöglichkeiten eines Symbols erwähnt, ob er auch darauf hinweist, daß Alternativen des Verstehens denkbar sind, die sich durch die persönliche Verknüpfung des Symbols mit der Existenz des Ratsuchenden ergeben können. (Ein gelungenes Beispiel ist für mich „Das große Traumlexikon" von Günter Harnisch, erschienen im Herder-Verlag.)

Nur so kann der Gefahr begegnet werden, in den konkreten eigenen Traum etwas hineinzulegen, was im Traumbuch vor-gelegen hat. Wird das absolut individuelle Verständnis der Traumsymbole ausreichend berücksichtigt, können die überindividuellen Hinweise, wie sie in den Traumdeutungsbüchern zu finden sind, zu einer wertvollen Erweiterung des Verständnishorizontes führen. Der einzelne kann auf diesem Weg Zusammenhänge entdecken, auf die er durch eigenes Nachdenken allein nicht gekommen wäre.

9. Zusammenfassung:

Was man beim praktischen Umgang mit eigenen Träumen beachten sollte

Wie Sie diesem Buch entnehmen können, sind zum Verstehen Ihrer Träume einige Voraussetzungen zu beachten und bestimmte Schritte zu vollziehen. Diese sollen in der folgenden Übersicht noch einmal als kurze Anleitung zusammengefaßt werden.

1. Nehmen Sie eine erwartungsvolle, offene und gelassene Haltung Ihren Träumen gegenüber ein.

Vermeiden Sie jede übermäßige Fixierung auf den Traum. Machen Sie ihn nicht zum alleinigen „Führer" Ihres bewußten Lebens. Setzen Sie sich nicht unter Druck, unter allen Umständen einen Traum in Erinnerung zu behalten. Was für Sie wichtig ist, meldet sich zu Wort, wenn Sie dazu bereit sind, es anzunehmen.

2. Sorgen Sie dafür, daß Sie Ihren Traum nach dem Erwachen schriftlich fixieren können.

Legen Sie Papier und Bleistift griffbereit ans Bett. Um Entwicklungen im Traumerleben zu verfolgen, lohnt es sich, ein Traumtagebuch anzulegen.

3. Bewegen Sie den Inhalt des Traumes im Dialog mit einer Person Ihres Vertrauens.

Natürlich können Sie Ihren Traum auch für sich allein bewegen und zu klären versuchen, was er Ihnen sagen will. Aber der Dialog mit einer vertrauten Person erleichtert in der Regel das Verstehen Ihres Traums.

4. Versuchen Sie, das Traummuster zu erkennen.

Handelt es sich um einen Angsttraum oder Warntraum, um einen Wunschtraum oder um die Verarbeitung des Tagesgeschehens? Wiederholt sich ein Trauminhalt immer wieder? Mit welchem zentralen Thema? Die Beantwortung dieser und ähnlicher Fragen hilft Ihnen, den Traum zunächst einmal grundsätzlich einzuordnen.

5. Achten Sie auf das, was Sie vor und nach dem Entstehen Ihres Traumes erlebt haben.

Denken Sie an die Ereignisse des vorigen Tages (Tagesrest). Merken Sie sich die Gefühle und Reaktionen, die der Traum nach dem Erwachen bei Ihnen ausgelöst hat. Setzen Sie das Geschehen vor und nach dem Traum in Beziehung zu seinem Inhalt.

6. Lassen Sie Gefühle und Gedanken zu, die der Traum als Ganzes in Ihnen auslöst.

Lassen Sie den Traum auf sich wirken. Bewegen Sie die Bilder, Ereignisse und Aussagen, die in ihm aufgetreten sind. Nehmen Sie wahr, welche Gefühle und Gedanken dabei in Ihnen aufsteigen.

7. Klären Sie, welche Bedeutung einzelne Symbole für Sie haben.

Achten Sie dabei besonders auf die sogenannten „zufälligen" Symbole, die nur für Sie persönlich relevant sind. Übersehen Sie dabei nicht die auffälligen Einzelheiten oder Besonderheiten des Traumgeschehens.

8. Bleiben Sie ehrlich und offen Ihnen und Ihrem Gesprächspartner gegenüber.

Das gilt vor allen Dingen für Inhalte sexueller oder aggressiver Natur, die Ihnen im Wachbewußtsein peinlich sind. Die Botschaften dieser Inhalte sind in der Regel weniger peinlich als die symbolischen Bilder, in denen sie zum Ausdruck kommen.

9. Formulieren Sie, was Sie als Botschaft Ihres Traumes vernommen haben.

Es ist wichtig, daß Sie sich Klarheit darüber verschaffen, was Sie durch den Traum verstanden haben. Sie können es Ihrem Gesprächspartner gegenüber formulieren oder auch für sich notieren. Ist Ihnen klar, was Ihnen Ihr Unbewußtes mitteilen wollte, dann sind Sie aufgerufen, daraus Konsequenzen für die sinnvolle Gestaltung Ihres Lebens zu ziehen.

10. Akzeptieren Sie, wenn Ihnen ein Traum auch einmal unverständlich bleibt.

Es wird Ihnen nicht immer möglich sein, die Botschaft Ihres Traumes zu verstehen. Verstehen bedeutet in dieser Hinsicht, im Innersten getroffen zu sein, das intuitive Erfassen einer persönlichen Wahrheit. Ein solches Verstehen erzeugt das Gefühl einer inneren Gewißheit.

Tritt diese Gewißheit nicht ein, sollten Sie diese Tatsache akzeptieren. Es ist besser, einen Traum nicht zu verstehen, als eine Deutung zu erfinden, die in die Irre führt. Bescheidenheit und Selbstbegrenzung sind an dieser Stelle der beste Schutz für jeden, der versucht, einen Traum zu verstehen.

Wer sich aber der Mühe unterzieht, diese Regeln zum Traumverstehen konsequent und kontinuierlich einzuhalten, der wird erfahren, daß der Traum ihm zu einer wertvollen Hilfe wird, sein Leben sinnvoll zu gestalten. In den vielen Gesprächen über Träume, in denen ich versucht habe, diese mit meinen Klienten zu verstehen, habe ich festgestellt: **Die häufigste Funktion des Traumes ist die Ermutigung zum Leben!**

Literatur

Boss, Medard: Der Traum und seine Auslegung, in: Bedeutung und Deutung des Traumes in der Psychotherapie, Wege der Forschung, Band CV, Darmstadt 1968.

Coxhead, David / Hiller, Susan: Träume. Eine Bilddokumentation, Frankfurt am Main 1976.

Dement, William: Die Wirkungen des Traumentzugs, in: Bedeutung und Deutung des Traumes in der Psychotherapie, Wege der Forschung, Band CV, Darmstadt 1968.

Die Bibel, Zürich, 1993.

Erikson, Erik H.: Das Traummuster der Psychoanalyse, in: Bedeutung und Deutung des Traumes in der Psychotherapie, Wege der Forschung, Band CV, Darmstadt 1968.

Frankl, Viktor E.: Der unbewußte Gott. Psychotherapie und Religion, München 1985.

Frankl, Viktor E.: Ärztliche Seelsorge. Grundlagen der Logotherapie und Existenzanalyse, Frankfurt am Main 1994.

Frankl, Viktor E.: Zeiten der Entscheidung, Freiburg 1996.

Freud, Sigmund: Erläuterung an der Traumdeutung, in: Bedeutung und Deutung des Traumes in der Psychotherapie, Wege der Forschung, Band CV, Darmstadt 1968.

Fromm, Erich: Märchen, Mythen, Träume. Eine Einführung in das Verständnis einer vergessenen Sprache, Reinbek bei Hamburg 1981.

Harnisch Günter: Was Kinderträume sagen. Traumbilder verstehen, deuten, gestalten – Mit einem Lexikon der Traumsymbole, Freiburg, Basel, Wien 1995.

Harnisch Günter: Das große Traumlexikon. Traumsymbole von A – Z psychologisch gedeutet, Freiburg, Basel, Wien 1997.

Jacobi, Jolande: Vom Bilderreich der Seele. Wege und Umwege zu sich selbst, Olten und Freiburg im Breisgau 1981.

Jung, Carl Gustav: Vom Wesen der Träume, in: Bedeutung und Deutung des Traumes in der Psychotherapie, Wege der Forschung, Band CV, Darmstadt 1968.
Jung, Carl Gustav: Zugang zum Unbewußten, in: Der Mensch und seine Symbole, Olten und Freiburg im Breisgau 1979.
Jung, Carl Gustav: Die praktische Verwendbarkeit der Traumanalyse, in: Bedeutung und Deutung des Traumes in der Psychotherapie, Wege der Forschung, Band CV, Darmstadt 1968.
Lukas, Elisabeth: Von der Trotzmacht des Geistes. Menschenbild und Methode der Logotherapie, Freiburg im Breisgau 1993.
Lukas, Elisabeth: Von der Tiefen- zur Höhenpsychologie. Logotherapie in der Beratungspraxis, Freiburg im Breisgau 1983.
Strauch, Inge: Moderne experimentelle Traumforschung, in: Bedeutung und Deutung des Traumes in der Psychotherapie, Wege der Forschung, Band CV, Darmstadt 1968.
Walden, Peter: Die hohe Schule der Traumdeutung. Männerträume, Frauenträume und was sie bedeuten, Genf, München 1990.

Imagination und Traum

Günter Harnisch
Die Botschaft der Angstträume
Was sie uns sagen – wie wir sie verstehen – wie sie uns helfen
ISBN 3-451-26459-5
Hilferufe der Seele: Wie wir uns an sie erinnern und wie wir so mit ihnen umgehen können, daß sie innere Blockaden lösen.

Uwe Böschmeyer
Dein Unbewußtes weiß mehr, als du denkst
Imagination als Weg zum Sinn
160 Seiten, Klappenbroschur
ISBN 3-451-26119-7
Logotherapie praktisch: Wie wir ein sinnerfülltes Leben führen können, weiß unser Unbewußtes.

Günter Harnisch
Das große Traumlexikon
336 Seiten, Pappband
Über 1500 Traumsymbole von A–Z psychologisch gedeutet
ISBN 3-451-23993-0
Träume sind „Briefe aus dem Unbewußten" (S. Freud). Lexikon zur Entschlüsselung der Symbole, Bilder und Botschaften.

Gillian Holloway
Der Traumführer – Wege zum Selbst
Fünf Schritte, die Botschaft der Träume zu entschlüsseln
Aus dem Amerikanischen von Bernardin Schellenberger
ISBN 3-451-23694-X
Träume richtig erinnern – lesen – deuten: Ein griffiges, sachkundiges Fünf-Schritte-Programm.

Günter Harnisch
Was Kinderträume sagen
Traumbilder verstehen, deuten, gestalten – Mit einem Lexikon der Traumsymbole
Band 4378
Das Buch hilft, die Sprache des Kindertraumes zu entschlüsseln.

Logotherapie

Elisabeth Lukas
Sinn in der Familie
Logotherapeutische Hilfen für das Zusammenleben
Band 4416

Überzeugende und lebensnahe Perspektiven bei persönlichen Schwierigkeiten und Familienproblemen.

Elisabeth Lukas
Lebensbesinnung
Wie Logotherapie heilt. Die wesentlichen Texte aus dem Gesamtwerk
Band 4391

Die grundlegenden Einsichten der Autorin zeigen, wie Logotherapie wirkt und wie jeder einzelne deren Prinzipien anwenden kann.

Elisabeth Lukas
Rat in ratloser Zeit
Anwendungs- und Grenzgebiete der Logotherapie
Band 4353

Die erfahrene Therapeutin zeigt, wie Vertrauen in die Zukunft und Lebenssinn gewonnen werden kann.

Elisabeth Lukas
Auch dein Leiden hat Sinn
Logotherapeutischer Trost in der Krise
Band 4283

Eindrucksvoll zeigt die Frankl-Schülerin, wie es gelingen kann, schwere seelische Not zu überwinden und einen neuen Anfang zu finden.

Elisabeth Lukas
Auch dein Leben hat Sinn
Logotherapeutische Wege zur Gesundung
Vorwort von Viktor E. Frankl
Band 4011

Diagnose: Depression. Was fehlt Menschen, die ohne reale Bedrängnis unter Niedergeschlagenheit und Minderwertigkeitsgefühlen leiden?

Psychotherapie

Viktor E. Frankl
Zeiten der Entscheidung
Hrsg. von Elisabeth Lukas
Band 4475

Eine Zusammenfassung der zentralen Ideen und Hilfestellungen des Begründers der Logotherapie.

Viktor E. Frankl
Psychotherapie für den Alltag
Band 4072

Sinn gibt es nicht auf Rezept. Jeder muß ihn für sein Leben selber suchen. Einsichten zu den großen Themen des Lebens.

Viktor E. Frankl
Das Leiden am sinnlosen Leben
Psychotherapie für heute
Band 4030

„Hier geschieht (was so oft versprochen und selten eingehalten wird) echte Lebenshilfe!" (Bücherbord).

Gerhard Wehr
Selbsterfahrung mit C. G. Jung
Die Entdeckung des eigenen Ich
Band 4376

Wie man sich mit den tiefenpsychologischen Erkenntnisssen C.G. Jungs selbst besser kennenlernt.

Ulla Wittmann
Ich Narr vergaß die Zauberdinge
Was Märchen für das eigene Leben bedeuten
Band 4428

Welche Botschaft haben die geheimnisvollen Zauberdinge? Inspiriert von C. G. Jung entschlüsselt die Autorin das verborgene Wissen bekannter Märchen.